一流力

サムライジャパン勝利の理由

SAMURAI
JAPAN

与田剛
YODA TSUYOSHI
'09WBC日本代表投手コーチ
NHK野球解説者

双葉社

一流力

サムライジャパン勝利の理由

まえがき

WBCの第2ラウンド、サンディエゴのペトコパークで試合前の練習をしているときのことでした。日本チームのブルペン近くにいたアメリカ人の観客が声をかけてきました。何でも、日本の野球が大好きなのだそうです。

「映画もクロサワのファンなんだ。だから、今回は日本が絶対に優勝すると信じている。だって、サムライジャパンの監督・コーチは全部で7人だろ？　クロサワの『七人の侍』と同じじゃないか」

面白い見方をするものだなと感心しました。スタッフの誰もがこんな見方をしていませんでした。私が知るかぎり、日本のマスコミが黒澤明監督の『七人の侍』を持ち出して、私たち首脳陣を評したこともなかったと思います。

原辰徳監督、伊東勤総合コーチ、山田久志投手コーチ、篠塚和典打撃コーチ、高代延博内野守備走塁コーチ、緒方耕一外野守備走塁コーチ、そして、ブルペン担当投手コーチの私。確かに7人です。

映画『七人の侍』は志村喬、三船敏郎ら多士済々の武士が村人と一緒になって野盗と戦い、村を守る話です。私たちが7人の侍だとすれば、サムライジャパンの選手は村人に当たるのでしょうか。しかし、サムライジャパンにおける侍とは選手たちです。私たちにも侍の心意気はありましたが、グラウンドで、刀や槍ではなくバットやボールで真剣勝負を繰り広げたのは日本代表に選ばれた29人の選手でした。

私がコーチとして事細かに彼らを指導する必要はほとんどありませんでした。一つアドバイスすれば、5や6のことに気づく高い能力をそれぞれが持っていました。そして、彼らは日本野球の素晴らしさを世界に見せつけ、日本のトッププレーヤーは世界レベルでも一流であることを証明したのです。

私は野球人として、WBCを内側から見た者の一人として、彼らがいかに素晴らしいプレーヤーであったか、この機会に見たまま、感じたままを書くべきだと思いました。同時に、私がこれまでに見てきた一流の指導者や選手についても記したいと思いました。

一流と呼ばれるプレーヤーや指導者はどこが一流なのか。なぜ一流と呼ばれるのか。私なりに考えてみたいと思います。

一流力 サムライジャパン勝利の理由　目次

企画　渡辺拓滋
構成　米谷紳之介（鉄人ハウス）
　　　佐藤行弘（鉄人ハウス）
カバーデザイン　妹尾善史（ランドフィッシュ）
本文デザイン　藤原　薫（ランドフィッシュ）
取材協力　チームベースボールキッズ

第1章 選ばれしサムライたち

原監督からの電話

それは一本の電話から始まりました。

「原辰徳です。与田さんにお願いしたいことがありますので、連絡をください」

そんなメッセージが私の携帯の留守番電話に入っていました。原監督の携帯電話の番号を知らなかったため、誰からの電話だろうと思ってメッセージを聞いたことを覚えています。昨年10月の終わり頃だったでしょうか。原監督のWBC（ワールド・ベースボール・クラシック）監督就任が10月28日でしたから、その翌日か、翌々日だったかもしれません。

すぐに電話を入れると、原監督の明るい声が耳に飛び込んできました。

「来年のWBCをぜひ一緒に戦ってほしい」

正直なところ、驚きました。スポーツ新聞などに私の名前がWBCコーチの候補者として挙がっていれば、受け止め方も違ったかもしれません。しかし、そうした報道はまったくありませんでした。驚きと、本当に自分のような者でいいのだろうかという思いが一瞬、交錯しました。

しかし、誰かに相談した上で返事をしようなどという考えも起こりませんでした。不思議など、悩むことも、逡巡することもなかったのです。

その場で即断し、返事をしました。

「私でよいのでしたら、ぜひ一緒にやらせてください」

原監督とは特に親しかったわけでもありません。野球解説者の仕事をするようになって何度か、グラウンドでお話をする機会があった程度です。現役時代にも対戦しています。原監督が現役だった頃、10年連続20本塁打となる節目のホームランを打たれたのも私だったはずです。

私をWBC投手コーチに推薦してくれたのが山田久志さんだということは、のちに外部の方から聞きました。この点については山田さんも多くを語らないのですが、たぶんそうでしょう。山田さんにはたいへん感謝しています。

WBCの投手コーチを引き受けた時点で、私の頭のなかには、翌年の2月、3月のスケジュールのことはまるっきりなく、キャンプの取材や講演のことは考えもしませんでした。私は日の丸を背負って戦える喜びで一杯でした。

野球人として日本代表のユニフォームを着て、世界の強豪と相まみえることができるのです。こんな栄誉を与えられた自分は幸せであると思いました。

原監督はWBCにおける日本チームの監督を引き受けた際、「日本代表は誇りであり、憧れです」と語られていました。私もまったく同じ思いでした。

初めて日の丸を背負ったアマチュア時代

私はアマチュア時代に日の丸を背負って戦った経験があります。

大学を卒業し、NTT東京の野球部に入って2年目の1989年。この年の社会人静岡大会での実績が認められた私は全日本代表合宿に招集されました。3日間の合宿が終わり、20人の代表メンバーが発表されたときの感激は忘れられません。『与田』の名前が読み上げられると、思わず涙がこぼれました。そして、すぐに母に電話しました。

「代表に選ばれたよ。親父に線香をあげてくれ」

父は5年前にガンで他界していました。野球が大好きで、ずっと私を応援してくれた父に真っ先に全日本の代表入りを報告したかったのです。

こうして私は全日本の一員としてアジア野球選手権やインターコンチネンタルカップに参加したわけですが、一番の思い出は6月に来日したキューバとの対抗戦です。

私は山中正竹監督（現横浜ベイスターズ常務取締役）から第一戦の先発に指名されました。野茂英雄（現オリックステクニカル・アドバイザー）が先発するものと思っていただけに私自身、意外でしたが、それだけ山中監督に期待されているのだと思うと、逆に身が引き締まる思いでした。

結果は3回を投げて1安打無失点。ストレートの球速は145キロ前後でしたが、スライダーとのコンビネーションが冴え渡っていました。さらに私のあとを潮崎哲也（現西武コーチ）、野茂とつなぎ、全日本が勝利しました。オマール・リナレス、オレステス・キンデラン、アントニオ・パチェコら錚々たる顔ぶれが揃った強力打線を抑えたことは私の大きな自信になりました。

一方で、キューバの強さも実感しました。練習を見てまず驚いたのはショート、セカンドが非常に大きなグラブを使っていたこと。聞くところでは、ショート用、セカンド用のグラブがないのだそうです。それだけ野球用具に恵まれていないのです。だから、日本のように自分の手の大きさに合ったグラブを使うのではなく、野手はみんな同じグラブでプレーします。しかも、それを気にも留めないのですから、彼らの図太さ、たくましさは、今もボールの大きさに四苦八苦する日本の選手とずいぶん違います。

身体能力の高さも日本人とは比較になりません。野手のなかにも、ピッチャーに転向させたら面白いと思うプレーヤーが何人もいました。打球のスピードも飛距離も私が大学・社会人で経験したレベルを超えています。しかも当時は金属バット。投手としては「勘弁してくれよ」と、泣き言の一つも言いたい気分でした。

それでも、私は日本の野球がキューバに劣っているとは感じませんでした。トーナメントのような一発勝負はともかく、プロ野球のように長いペナントレースを戦えばどちらが勝つかわからないと思ったし、その考えは現在も変わりません。

実際、このときの全日本は当時アマチュア最強と謳われたキューバと互角に渡り合いました。野茂、潮崎、私以外に、佐々岡真司（元広島）、江口孝義（元ダイエー）、古田敦也（元ヤクルト）ら、素晴らしい人材が揃っていました。

「このチームがそのままプロに行っても、十分にペナントを争うことができる」

こんなことを言ったのは、ある球団のスカウトです。

北京オリンピックの教訓

選手としてだけでなく、現役を引退し、解説者となってからも日の丸を背負ったチームの戦いを見てきました。記憶に新しいのは北京オリンピックの星野ジャパンです。私は解説者として現地に赴きました。

結果的にはメダルも獲れない惨敗に国民は落胆し、マスコミの批判の矛先は星野仙一監督の采配に向かいました。さらに、さまざまな敗因が指摘されました。

繰り返し言われたのは、日本の公式球より革が粗くて大きく感じる国際球への適応が十分ではなかったこと。もう一つは国際審判のストライクゾーンへの戸惑いです。

しかし、ボールもストライクゾーンも、条件は他の国も同じです。北京オリンピックにかぎらず、過去のオリンピックを始めとする数々の国際試合で日本が何度も経験してきたことです。私は、それが決定的な敗因だとは思いません。現に、同じ条件で戦ったアジア予選で日本は優勝し、北京オリンピックに駒を進めたのですから。

ストライクゾーンに関しては私もアマチュア時代に苦い経験があります。当時の世界大会も北京オリンピックと同様、各国のアマチュア審判が出てくるため、ストライクゾーンへの違和感がなかったと言ったらウソになります。でも、それ以上に驚いたのは審判のコールです。ある審判は明らかなストライクでも手を挙げません。

「何で、今のがボールなんだ」

そう思って後ろを振り返り、スコアボードを見るとストライクのランプがついています。その審判はストライクの場合、体の後ろで指を小さく動かすだけで、判定はスコアボードにストライク、ボールをつける係にわかればいいという考えだったんです。このスタイルに慣れ、頭を切り換えるまで、かなりイライラさせられました。

北京オリンピックでは審判によってストライクゾーンがバラバラだったのは確かです。初戦のキューバとの試合で、星野監督が審判に抗議したことが話題になりました。星野監督は私が中日ドラゴンズに入団したときの監督であり、いわば球界の恩師です。恩師だからといって弁護するつもりは毛頭ありませんが、必死になるあまり、判定に対して抗議をするような態度に出てしまった気持ちはよくわかります。それで審判を敵に回し、不利な戦いを強いられた面もあるでしょう。

しかし、私はそれが敗因だとは思いません。プロである以上、そんなことは負けた理由にならないし、日本の選手にはそうしたストライクゾーンの問題やボールの違いを克服するだけの実力があったと信じています。

では、なぜ惨敗したのか。

私は選手のコンディショニングに大きな問題があったと考えています。思い通りに体を動かすことができる、つまり体調が万全だった選手が少なかったと思うのです。野手では西岡剛（ロッテ）、川﨑宗則（ソフトバンク）が故障によりスターティングメンバーを外れ、4番の重責を担った新井貴浩（阪神）も帰国後、腰椎の疲労骨折が判明するなど、体調が万全でない野手が多数いました。しかし、もっと深刻だったのはピッチングスタッフのコンディションだったと思います。

野球の会場となった五棵松球場も五棵松第二球場も、私たちの放送席から三塁側ベンチがよく見えました。そこで交わされている会話の内容まではわかりませんが、日本チームが三塁側ベンチに入ったときは星野監督とコーチの様子をつぶさに観察できたのです。

私が気になったのは星野監督と大野豊ピッチングコーチのやりとりの様子でした。「そろそろピッチャーを交代させたいだろうな」と私が思うタイミングで、二人も言葉を交わすのですが、一言、二言話しただけで、すぐに離れてしまうのです。星野監督にも大野コーチにも苦渋の表情が浮かんでいました。

ピッチャーを代えたくても代えられない事情があったのではないでしょうか。その理由が、ピッチャーの準備不足か、体調に問題があったのか。あるいは、ルール上、ブルペンコーチを置くことができないため、ベンチとのコミュニケーションをうまく図ることができなかったのか。いずれにしてもベンチの思惑と選手の準備やコンディショニングが嚙み合ってなかったのは間違いないと思います。

そんなことを想像させる光景を、北京では幾度となく見ました。そして、結果的に継投は遅れました。あとで知ったことですが、準決勝の韓国戦ではベンチとブルペンをつなぐ電話が故障していたそうです。日本の野球ではまず考えられないことです。しかし、これが国際試合で直面する現実なのかもしれません。

負け試合をつくれない重圧

国際試合を戦う場合、それが一度負けたら次へ進むことができないトーナメントのような形式でない限り、勝ちにこだわらなくてもいい試合というのがあります。北京オリンピックの予選リーグもＷＢＣの第１、第２ラウンドも、負けたら即終わりではありません。にもかかわらず、国際試合では負けることが許されない空気があるのも事実です。

象徴的だったのが北京オリンピックの予選リーグ最終戦、日本対アメリカの試合でした。すでに前日の中国戦の勝利で決勝トーナメント進出は決まっていました。それも10対0の7回コールド勝ちでしたから、チームの雰囲気もかなり明るくなったはずです。アメリカ戦に勝てば、3位通過で準決勝は予選リーグ2位のキューバ、負ければ4位通過となり、1位の韓国と対戦します。キューバも韓国も難敵です。星野監督にも、どちらと戦うほうが有利だという計算はなかったと思います。

ファンの方には誤解を生むかもしれませんが、この試合は日本にとって負けが許された試合だったのです。負けてもいい試合というのは、本来、選手はリラックスして試合に臨めます。事実、試合前の空気は、私が見ても選手は大会期間中で一番リラックスしているようでした。

ところが、試合は息詰まるような投手戦のまま、延長戦へ突入してしまいます。タイブレーク方式（無死一、二塁からスタート）となった延長11回、4番手の岩瀬仁紀（中日）が3連打を浴び、4点を失って日本は敗れました。4日前の韓国戦で打たれた岩瀬を再び投入しての敗戦は、同じ負けでもあとに尾を引く負けだったと思います。

勝っても負けても決勝トーナメント進出は変わらないのですから、星野監督も、できれば選手には肉体的にも精神的にも疲労を残したくなかったはずです。しかし、試合は総力戦の様相を呈し、負けるに負けられない試合になってしまいました。最後に岩瀬を投入せざるを得なくなったのも、先ほど述べたように他のピッチャーの準備が十分でない、体調がよくないという状況があったのではないでしょうか。

そして、負けるに負けられない空気をつくったという意味ではマスメディアの報道にも責任の一端はあると思います。北京に出発する前から「全勝で金メダル」という論調が目立ち、日本中がそれを期待しました。こうした空気が星野ジャパンの重圧にならなかったはずはないと思うのです。

解説者やOBの予想と現実がかけ離れてしまったケースは、サッカーのワールドカップなどでもしばしば見られます。前回の2006年ドイツ大会で、日本チームについて「ベスト8は可能だ」、「いや実力的にはベスト4入りも夢ではない」と予想する方が多数いましたが、結果はグループリーグにおいて2敗1分と、グループ最下位で敗退。大会前の過熱報道と現実のギャップに驚きました。

日韓共催となった2002年のワールドカップで3位になったトルコもこの大会では予選で敗退し、出場できませんでした。そうした厳しい現実を踏まえれば、もっと冷静な分析と、それに基づく報道がなされるべきだったのではないでしょうか。これは私自身への戒めでもあります。メディアに携わる者として、安易にファンの期待を煽るような予想やコメントは慎まなければいけないと痛感しました。

国際試合にかぎらず、スポーツの勝負は何が起こるかわかりません。「勝負は時の運、やってみなければわからない」というのが私の実感です。もちろん、勝つために監督も選手もコーチも、全力を尽くします。しかし、運とタイミングしだいで、勝負の女神はどちらにも微笑みます。まして実力が伯仲したチームで争う短期決戦ともなれば、そうした運とタイミングを味方につけたチームでなければ優勝は難しいでしょう。

第1回のWBCにおける日本チームがそうでした。2次リーグでは1勝2敗と負け越しながら、運も手伝って決勝トーナメントに進出し、優勝を果たしました。韓国には1次リーグと2次リーグとで2敗しています。それでも優勝さえすればファンもマスコミも負けた事実について言及しません。つまり、現場で戦っている監督や選手は「結果よければ、すべてよし」という世界にいるのです。

北京オリンピックの予選リーグ最終戦で、もし日本がアメリカに大勝するか、大敗していれば、その後の決勝トーナメントの戦い方はずいぶん違ったと思います。無理に勝ちにいかず、たとえ大敗したとしても、投手を温存できればそのほうがよかったと私は思います。それで金メダルを獲得できれば、誰も文句は言わないはずです。

しかし、予選リーグとはいえ、キューバにも負け、韓国にも負け、さらにアメリカにも負けという状況は避けたかったのでしょう。そのように考えざるを得ない重圧のなかで戦った星野監督の心のうちは察するに余りあります。

韓国代表監督の謙虚な現状認識

北京オリンピックの直前、韓国代表の野球チームを取材する機会がありました。練習試合を見て脅威に感じたのは、1、2番コンビの機動力と、中軸打者の長打力でした。しかもバランスよく左右の強打者を揃え、下位バッターもかなりしつこい打撃をする。「これは相当手強いぞ」というのが率直な印象でした。

チームを率いる金卿文《キムギョンムン》監督から話を聞くこともできました。

「日本、キューバ、アメリカのうち、一つでも勝って、予選リーグを突破できればいいと考えています。それが当面の目標です」

その言葉は非常に謙虚でした。確かに一昔前まで、日本は韓国より実力は上だと言われていました。多くの野球関係者がそう思っていました。しかし、WBCの第1回大会を見て、私は「もう日本は完全に追いつかれた。いや、追い抜かれたかもしれない。個々の選手の能力は日本人プレーヤーを凌ぐものがある」という認識を持つようになっていました。金監督にもその考えをぶつけました。

「そんなことはありません。総合力で見たら、一番強いのは日本でしょう。メンバーも素晴らしい。我々は何色でもいいから、メダルを持ち帰りたい。全部勝とうなんて考えたら、余計なプレッシャーを選手にかけることになるし、そんなことはまず不可能です」

これがホンネなのかタテマエなのかはわかりません。しかし、そこまで割り切って試合に臨んだことが選手を気楽にさせ、能力を最大限引き出すことにつながった面はあったのではないでしょうか。五輪開催前からお祭り騒ぎをしていた日本のメディアとは対照的な冷静さです。そして、金監督の言葉とは裏腹に、韓国チームは予選リーグから決勝まで、一つも負けることなく金メダルを獲得しました。

しばしば韓国選手のモチベーションの高さを語る上で、兵役免除のことを言う方がいます。しかし、徴兵制度を経験していない我々にどれだけ彼らの心情を理解できるでしょうか。まして精神力やモチベーションだけで勝てるほど国際試合は甘くありません。もっと謙虚に、韓国野球が進化し、強くなっている現実を認めるべきだと思います。

私は、韓国野球が強くなった要因の一つは現実を率直に受け止め、それを克服するために対応してきた結果であると考えています。

韓国はアテネオリンピックにはアジア予選で日本、台湾に敗れ、出場することさえできませんでした。北京オリンピックの予選となった一昨年のアジア選手権でも日本に敗れています。日本は岩瀬、川上憲伸（中日）、上原浩治（巨人）ら投手陣の好投が光りました。この段階で素直に「日本は強い」と認めたのだと思います。だから、韓国リーグで国際球を使用することも決めたのでしょう。

勝つために、不安な要素が一つでもあればそれを取り除く努力をする。こうした柔軟性と素早い対応は日本球界も見習うべきです。アジア予選から北京オリンピックまで9カ月の月日がありました。この間、韓国は謙虚な気持ちで、勝つための努力とトレーニングを続けたのだと思います。ボールに関してはメーカーとの関係など、さまざまな問題があり、日本では簡単に同じことができないのかもしれませんが、日本が今後も国際試合を戦う以上、避けて通れない課題だろうと思います。

いずれにしても、私はサムライジャパンの投手コーチに就任した時点で、日本にとって最大の強敵になるのはアメリカでも、キューバでも、ドミニカでもなく、韓国だと思っていました。今回の組み合わせ方式だと、お互い決勝まで進めば、韓国とは最大5回対戦する可能性があることもわかっていました。

しかし、まさかその通りになるとは思いませんでしたが。

選手選考、一番痛かった斎藤隆の辞退

サムライジャパンのコーチとして最初に行わなければならなかったのは代表選手の選考です。

投手についても、野手についてもコーチ全員が意見を出し合って決めました。たとえば、投手を選ぶ場合、野手のコーチから見て「この投手は打ちづらい」「非常に嫌なタイプだ」という意見を言ってくれるわけです。これは非常に参考になりました。逆に、私や山田さんは投手の立場から見た、各打者の印象を説明しました。

２００８年12月15日、１次候補選手34人が発表されました。このなかには7人のメジャーリーガーが含まれていましたが、黒田博樹（ドジャース）と斎藤隆（レッドソックス）はシーズンに向けた調整に専念したいというので出場を辞退しました。メジャーの場合、それぞれの所属チームの方針もあり、ある程度予想されたことではあります。しかし、投

手コーチの立場としては「これは痛いな」というのがホンネでした。ことに斎藤隆は抑えの要として期待していましたから。

ご存じのように斎藤はアメリカに渡り、ドジャースのクローザーとして素晴らしい成績を残しました。3年間で12勝7敗81セーブ、防御率1・95という数字が、抜群の安定感を示しています。

彼はメジャーの使用球を自分の味方にし、成功した一人でもあります。ボールの高い縫い目が指によく引っかかり、スライダーが日本でプレーしていたとき以上に大きく曲がったのです。その曲がりの大きさに本人も驚いていました。体調も戻ったのでしょう。36歳でのメジャー挑戦であったにもかかわらず、アメリカに渡ってからストレートのスピードとキレも格段に増しました。

そして何より斎藤が強いのはハートです。日本で思うような結果が出ず、捨て身でアメリカに渡り、勝負したのです。その精神力、そしてメジャーで数々の修羅場をくぐった経験はサムライジャパンの大きな力になるものと思っていました。

12月の時点では斎藤隆もこう言っていました。

「あと何年野球をやることができるか……。そんな野球人生のなかで、日本代表という勲章をもらえるなら、こんなうれしいことはありません」

その心意気が私たち首脳陣にも頼もしく感じられました。

斎藤隆は昨年、高齢がネックとなり、ドジャースとの契約更新がならず、FA宣言をしていました。そのまま、どこかのマイナーチームのキャンプに招待される程度の契約しかなされなかったのなら、間違いなくサムライジャパンの一員となってくれたはずです。しかし、彼の実力をメジャーの球団が黙って見過ごすはずはありません。1月に入り、ボストン・レッドソックスとの契約がまとまりました。レッドソックスは優勝の狙える強豪チームです。おそらくレッドソックス側の強い要望もあっただろうし、斎藤自身もWBC出場を辞退し、新天地に賭けようと決断したのだと思います。同じ野球人として、その気持ちはよくわかります。

なお、斎藤、黒田の辞退後、追加招集されたのが阪神の岩田稔です。「彼の微妙に変化するボールは外国のチームにも十分通用するだろう」というのがスタッフの一致した見解でした。

二遊間に人材が豊富な日本野球

ところで、今回、選手選考を行うに際しては、勝つことと同時に、将来性のある若い選手にWBCのような大きな国際舞台を経験させたいという気持ちがありました。これはスタッフ全員の共通した考えでした。特に原監督は若い選手に未来につながるチャンスを与えたいという思いが強く、それが選考に反映されています。

仮に、同じポジションにAとB、二人の注目選手がいたとしましょう。AとBを比べた場合、Aのほうがキャリアも長く、実績もある。Bは実績はそれほどではないけれど、前シーズンで飛躍し、好成績を残した。しかも現在のコンディションもいい。勢いもある。そうであるなら、Bを選び、チャンスを与えようということです。

人材が豊富で、一番頭を悩ませたのはショート、セカンドでした。メジャーに岩村明憲（レイズ）と松井稼頭央（アストロズ）がいて、日本には川﨑宗則（ソフトバンク）、中島裕之（西武）、片岡易之（西武）、西岡剛（ロッテ）、井口資仁（ロッテ）がいます。全員が選ばれてもおかしくない実力の持ち主ですが、それぞれの走力、守備力まで考えたチーム全体の戦力のバランスや、先ほど述べた選考基準などを加味し、熟慮の末に選んだのが岩村、川﨑、中島、片岡だったということです。

本当は「出たい」という選手は全員、選んであげたい。そう思います。しかし、チームスポーツである以上、人数には制限があります。これは致し方ありません。

一部報道に北京オリンピックにおける態度がよくなかったからという理由で、選考に漏れた選手がいるような記事がありましたが、性格や素行を評価基準に選んだ事実はまったくありません。

今回選ばれなかったことで、それを発奮材料にペナントレースで結果を残し、4年後の大会を目指すという選手もいるでしょう。たとえば前回のWBCに出場して活躍したにもかかわらず選ばれなかったのが西岡です。彼はWBCの落選を理由に、契約更改で自ら年棒から1000万円を返上。「自分を選ばなかったことを後悔させるくらい活躍したい」と発言して話題になりました。これもプロらしい気概だと思います。

投手については、先発投手ばかりで、中継ぎ・抑えのスペシャリストが少ないという指摘がありました。これは単純に、先発に力のあるピッチャーが多かったということです。

国際試合では審判のストライクゾーンに神経質になり過ぎると、いい結果は残せません。逆に言えば、ボール1個分、ボール半個分の出し入れをするような微妙なコントロールで勝負するのではなく、誰が見てもストライクだというゾーンで勝負できる力を持ったピッチャーが求められます。北京オリンピックで活躍した韓国やキューバのピッチャーのほとんどがそうでした。ど真ん中の甘いボールであってもバッターが打ち損じることは往々にしてあるし、ボールに力があれば抑え込むことは可能なのです。

また今回、サムライジャパンに選んだ先発投手の実力をもってすれば、全員が中継ぎ・抑えも十分こなせると判断しました。

気遣いではなく、気配りを

投手コーチとなった私が選手と接する際に考えたのは「上から目線でものを言わない」ということでした。試合中、山田コーチはチーフ投手コーチとしてベンチに、私はブルペンに入ります。立場的にも、私は選手と接する機会が多くなるわけです。私のほうが山田コーチより選手との年齢が近いと言っても、私とは親子ほど年が離れた若い選手もたくさんいます。

しかも野球人としての実績は私以上の選手ばかりです。たとえばダルビッシュ有（日本ハム）です。私の半分ほどの年齢ですが、日本を代表するエースとして毎年、タイトルを争っています。私が彼の年齢だった頃と言えば、まだ大学から社会人に進んだ時期。ですから、野球人として彼の才能を素直に尊敬します。

私は野球人として彼らに尊敬してもらおうとは思いませんでした。それより指導者として選手から尊敬される存在でなければいけないと思いました。そもそも彼らは皆一流のプレーヤーであり、挨拶も礼儀も知っています。細かい技術的なことを言う必要もほとんどありません。

まして、一緒に戦うのは約1カ月半。シーズンを通して苦楽を共にするのならともかく、この短期間に彼らに存分に力を発揮してもらうためには、私は彼らに「与田という野球界のOBは、大きな大会を戦う準備をする上で、とても居心地のいい環境をつくってくれるコーチだ」と認識してもらえばいいと考えました。そのような指導者として選手に尊敬され、選手と一緒に居心地のいいブルペンをつくる。そして、そこから選手を気持ちよくマウンドに送り出せればいいということです。

私が選手たちと接する上で心がけようと思ったのは「気遣いではなく、気配りを」ということです。気遣いと気配りは似たような言葉です。意味もほぼ同じでしょう。でも、私は微妙なニュアンスの違いを感じています。気遣いにはどこか遠慮が含まれているように思うのです。選手とコーチがお互いに遠慮し合っていたのでは、本当に居心地のいい関係は生まれません。

相手を認め、尊敬した上で、言うべきことは言う。あるいは逆に、相手を尊敬するから、自分の言いたいことを言うのをこらえる場面もあります。場面場面において、そうした使い分けができるのが気配りだと思うのです。

たとえば、選手が監督の起用法に対して不平不満を持つこともあるでしょう。若い頃の私がそうでした。

「どうして、こんな場面でオレが投げなくっちゃいけないんだ」

そんなことを思ったことは幾度となくありました。こうしたとき、監督と選手の間に立つコーチが「文句を言うんじゃない」と頭ごなしに言ったら、その投手は気持ちよくマウンドに上がることができるでしょうか。まず、できません。

そこで必要なのが気配りです。自分の経験と照らし合わせ、選手の気持ちを十分に汲んだ上で、この場面で投げることがいかに重要かを適切な言葉でアドバイスする。あるいは、試合が緊迫の度を増し、必要以上に不安を感じ始めているようなら、その不安を和らげるような冗談の一つも言う。そうやって居心地のいい雰囲気をつくるのです。

居心地のいいブルペンとは、真剣勝負における緊張感とリラックスした状態とがうまく均衡している場所ではないでしょうか。私がサムライジャパンでつくりたかったのは、そんなブルペンです。

代表候補選手の意気込み

2009年2月からは、山田コーチと伊東勤総合コーチと私の3人で、各球団のキャンプを回り、代表候補選手の状態を視察しました。球団首脳に「今回、この選手をお借りします」という挨拶をするという目的もあります。さらに、各球団のコーチから選手の特徴や傾向を聞くこともしました。投手であれば、「フォームのポイントはどこにあるか」「疲労がどんなところに出やすいのか」といったことです。

どの球団も協力的で、我々を温かく迎えてくれました。

楽天の野村克也監督にも挨拶に行きました。

「やっぱり岩隈と田中は連れて行くんだろうな」

「まだ候補の段階ですから、完全に決定したわけではありません。しかし、両投手ともぜひ力を貸してもらいたい選手です。そのときはよろしくお願いします」

「ふ〜ん」

こんなやりとりだったでしょうか。交わした言葉は多くはありませんが、例のボヤキが出るわけでもなく、その口調からとても好意的な印象を受けました。

代表候補選手はキャンプの段階から、ＷＢＣの使用球を使っていました。一応、ＮＰＢ（日本野球機構）からボールを支給していたのですが、足りない分については球団ごとに用意してくれており、球界あげての協力体制ができていることを肌で感じました。

候補選手のほとんどは、自主トレからＷＢＣ使用球を使用していました。藤川球児（阪神）のように昨年のオフから日本のボールにはいっさい触れていなかった選手もいます。

我々がキャンプに行くと、候補選手のほうからわざわざ挨拶に来てくれました。「よろしくお願いします」という溌剌とした声から、選手一人ひとりの意気込みが伝わってきました。

大の大人をつかまえてこういう言い方はおかしいのですが、私にはどの子も可愛い存在に思えました。

この段階で辞退者を除き、１次候補選手は全部で33名。ここから宮崎での代表合宿を経て、28名に絞らなければなりません。

「こんなに一生懸命やっている選手のなかから、5名を落とさなければならないのか。これは辛いな。宮崎キャンプが始まるのがちょっと怖くなってきた」

各キャンプ地を訪れる度に、このような思いを抱いたのは私だけでなく、山田コーチも伊東コーチも同じだったと思います。

サムライジャパンのコンセプト

2月15日、いよいよ候補選手33名が宮崎に集結。翌日からジャパンのユニフォームを着てトレーニングがスタートしました。

原監督が選手を前に最初に言ったのはこういうことでした。

「我々は日本の代表として戦うという誇りを胸に、紳士的な野球を貫こう。不平不満があっても態度には絶対に出さないように。正々堂々と戦って、日本の野球はさすがだなというものを世界に示そうじゃないか」

これはサムライジャパンの戦う姿勢であり、コンセプトであると言っていいと思います。

同時に、投手コーチ就任以来、私がずっと考えていたことでもありました。大会のレベルは違いますが、私もアマチュア時代、アジア大会とインターコンチネンタルカップで日の丸を背負って戦った経験があります。日の丸を背負う重みは十分に理解しているつもりです。同時に、日の丸を背負って戦う誇りも経験しました。

日の丸の重圧は勝つことによって解消されます。しかし、勝負である以上、いつも勝てるわけではありません。負けることもあります。大事なのは、日本の国旗をつけて戦う誇りを強く持つこと。勝つにしても、負けるにしても、誇りを持った戦い方をし、その誇りを胸にグラウンドをあとにする。それをアマチュア時代から思っていました。

国と国が戦うということは、相手の国を知り、自分の国を相手に知ってもらうということです。日本、韓国、キューバ、アメリカ、ドミニカ、ベネズエラ……いろんな国の野球があり、文化があります。そうであるなら、日本の野球がいかに魅力的であるかを相手の国に知ってほしい。「日本は強い」と思われるより、「日本のプレーヤーはフェアだ」「日本の野球は素晴らしい」と思われたいのです。

私のアマチュア時代に全日本チームを率いていた山中正竹監督も「勝つことはもちろん大事だけれど、フェアな戦いをして勝とう」とおっしゃっていました。アマチュアの頃と今回とでは大会の規模も、国民の関心度もまったく違いますが、私には、日の丸を背負って戦うという誇りは同じでした。

前回大会の王貞治監督も堂々とフェアに戦い、日本を世界一に導きました。だから、日本中があれだけ熱狂したのだと思います。前回大会で、王さんが選手を前にどんなことを話されたかはわかりませんが、チームの姿勢はサムライジャパンと同じだったのではないでしょうか。

今回、王さんは特別顧問として、宮崎キャンプにも、アメリカでの第2ラウンドにも足を運んでいただきました。まだキャンプが始まって間もない時期に、王さんを、原監督と我々コーチが囲んで食事会をし、野球談義に花を咲かせたことがあります。

私にとって王さんは、本来なら、ある一定距離以上に近づけないくらいの、雲の上の存在です。でも、王さんはそんな距離を気にもせず、ご自分から近づいてきて話をしてくれる方です。この日の食事会でも王さんから声をかけていただきました。

「僕には経験がないから詳しいことはわからないけど、ブルペンというのはたいへんな場所だよね。毎日、様子を見ながら、各ピッチャーのベストの状態をつくるように準備しなくっちゃいけないんだから。でも、それがしっかりできていれば、ベンチは安心できるんだ。辛いだろうけど頑張ってくれよ」

王さんもまさに気配りの人です。そして、球界の紳士だと実感しました。

チームリーダーを必要としない組織

会社に新しい部署ができ、他の部署からさまざまな人が集められるようなことはあると思います。サムライジャパンもそれに近いものはあります。顔は知っていても、初めて言葉を交わすような関係もあれば、同世代で高校時代から親しい者同士という関係もありました。みんな大人ですから、ギクシャクした雰囲気にはなりませんが、最初からチームが一つにまとまっていたというわけでもありません。

新設部署が一つの仕事、一つのプロジェクトを一緒に進める過程で、自然と一体感が生まれてくるように、サムライジャパンも日を追うごとに少しずつチームとしての一体感が生まれていきました。

マスコミはどうしても野手ならイチロー（マリナーズ）、投手なら松坂大輔（レッドソックス）を追いかけますから、二人がチームの中心にいてリーダーシップを発揮したように思われますが、必ずしもそうではありません。強烈なカリスマ性でチームをまとめたわけでも、逆に目立ち過ぎてチーム内で浮いていたわけでもありません。ごく自然にチームに溶け込んでいたというのが真実です。

もちろん、二人ともメジャーを代表するスーパースターですから、合宿中も若い選手が彼らにアドバイスを仰ぎ、そこに自然と輪ができるという光景はよく見かけました。

私が投手陣を前に言ったのはごくありきたりのことです。

「とにかく、自分のやるべきことをやろう。あとは無理をしてケガをしないように。そのために我々も万全を尽くすから」

原監督は当初から「キャプテンを決める必要はない」という考えでした。私もその方針がチームの一体感を促したのだと思います。もしキャプテンを決めれば、指名された選手に余計な重圧をかけることになりかねません。それより選手全員が自分のプレーに集中できる環境をつくるのが私たちの仕事でした。

私は短期間でチームを形成する場合、必ずしも特定の選手一人が強いリーダーシップを発揮する必要はないと考えています。精神的な支柱となるようなリーダーがいなくても、選手一人ひとりが自分の役割を自覚し、その役割をしっかり果たせば、チームは自然とまとまっていきます。大事なのは、人に何か言われる前にプロとして自分がすべきことをすること。その当たり前のことができるかどうかです。

試合には28人全員が出られるわけではありません。控えに回る選手が必ず出てきます。そうした選手も常に一緒に戦っているんだという高い意識を持ってほしいと思っていました。その気持ちがあれば、いざというときのための準備を怠ることもありません。自分の役割を自覚するとはそういうことです。

サムライジャパンは私たちが口うるさく言わなくても自分の役割を自覚した成熟した選手の集団であったし、そのことは合宿の段階で、私も気づきました。「俺が、俺が」と自己主張し、チームに不協和音をもたらすタイプの選手も一人もいませんでした。

最終選考で見せた原監督の胆力

2月22日、日本代表候補チームと巨人との練習試合が行われました。翌日は宮崎から大阪の京セラドームでの2次合宿に移動しなければなりませんでした。最終的な代表選手28名が発表されたのは22日の試合後のことです。選手たちだけでなく、私たち首脳陣にとっても一番辛い瞬間でした。選手の表情がいつになく厳しいものだったのを昨日のことのように覚えています。

33名が参加していますから、5名の選手は2次合宿には行けません。選考の結果、選に漏れたのは野手では松中信彦（ソフトバンク）、栗原健太（広島）、細川亨（西武）、投手では和田毅（ソフトバンク）、岸孝之（西武）でした。

選考の最大の基準は選手のコンディション。北京オリンピック惨敗の要因の一つが選手のコンディショニングの失敗にあるというのは原監督以下我々の一致した考えでもあったからです。前年に故障をしたり、そのために手術を受けた選手もおり、宮崎での1次合宿はその状態をチェックするという目的もありました。

前回のＷＢＣでは合宿前から最終メンバーは決まっており、選手選考のプロセスは踏みませんでした。今回もそのようにすべきだとする外部の意見もありましたが、やはり最強の日本代表を最良のコンディションで形成するには、あらかじめ候補選手を多くリストアップし、そこから選考するという形式は不可欠であると思います。

コンディション以外に、ＷＢＣ使用球への対応も重視しました。特に投手です。日本のボールとは微妙に大きさも感触も違うため、ボールに慣れるのに時間がかかる選手と、そうでない選手がいます。

西武ライオンズの岸については、原監督は巨人の監督として日本シリーズで対戦し、彼のカーブが国際試合でもかなり有効だという印象を持っていたと思います。しかし、岸はＷＢＣの使用球になかなかなじめず、苦労していました。日本シリーズで投げていたカーブと、ＷＢＣ使用球で投げるカーブとは明らかにキレが違うのです。

結局、指先の感覚は本人にしかわからないし、ちょっとした握りの違いがボールをリリースする微妙なタッチに影響を及ぼします。得意とする球種は投手によって違うので一概には言えませんが、スライダーに比べ、カーブの曲がりを本来のものにするのはどの投手も苦労したようです。ダルビッシュもスライダーやツーシームは何とかなりましたが、カーブは最後まで本来のキレが戻りませんでした。

岸ももう少し時間があれば対応できたのでしょうが、残念ながらその猶予はありませんでした。

選考結果を発表するときは何とも重い空気が流れていました。西武ライオンズの常勝時代の正捕手を務め、監督も経験している伊東総合コーチでさえ、あとで「野球人生で一番辛い日だった」と漏らしていました。私も監督と共に、首脳陣の一人として並んでいましたが、選手と目を合わせることができませんでした。

それだけに原監督の態度は「さすがだな」と思いました。毅然とした態度で、スパッ、スパッと選考に残った選手の名前を読み上げていったのです。選に漏れた選手に甘い同情の言葉は一言もありません。実に肝の据わった態度でした。

「今後、不測の事態が生じて追加招集する可能性もあります。だから、常にジャパンの一員であるという気持ちを持っていてください」

代表チームを率いる指揮官とはこういうものだと思いました。

選考に漏れたあとも、最後まで残って黙々とバッティング練習をしたのが栗原でした。その栗原が、村田修一（横浜）が第2ラウンドの韓国戦で右太もも裏を痛め戦線を離脱した直後に緊急招集されたのはファンの皆さんもご存じの通りです。

第2章 一流の指導者に学ぶ

生涯の恩師・星野仙一監督

サムライジャパンの投手コーチ就任が決まり、すぐに電話で報告した一人が、星野（仙一）さんでした。

「おまえ、本当に光栄な仕事をもらったな。せっかくのチャンスなんだから、トップレベルの選手と一緒になって代表チームの雰囲気を肌で味わってこい」

こう言って、私を励ましてくれました。

星野さんは私にとって生涯の恩師とも言うべき方です。

1989年11月26日、私はドラフト会議で中日ドラゴンズから1位指名されました。当時の中日の指揮官が星野仙一監督です。この年のドラフトは〝野茂ドラフト〟と呼ばれるほど野茂英雄に注目が集まり、8球団が野茂を指名しました。おそらく中日も野茂の指名を検討したのではないでしょうか。しかし、事前に、かなりの数の球団が競合することがわかっていたため野茂を回避し、単独指名できる可能性の高い私を指名した。そのような背景があったのではないかと推察します。

いずれにしても1位指名は名誉です。この年は、野茂以外にも潮崎哲也（西武）、小宮山悟（ロッテ）、佐々木主浩（大洋）、佐々岡真司（広島）、古田敦也（ヤクルト）、石井浩郎（近鉄）ら、後に活躍した素晴らしい選手が揃っていました。そうしたなかでの1位指名なのですから、非常に高い評価をしていただいたわけです。

しかし、中日は意中の球団ではありませんでした。千葉県君津市で育ち、大学も東京で過ごした私は会社を通じて「在京セ・リーグ球団希望」を打ち出していました。これは、もし、そうでなければ会社に残るという意思表明です。

ドラフト指名後、挨拶に来た中日のスカウトから、星野監督が私を欲しいと熱望していることを聞きました。当時は、意中でない球団に指名された選手に対しては、その球団の監督自ら挨拶に出向くことが恒例になっていました。ところが、星野監督は来ません。しかも、その理由が「プライベートタイムを過ごしているから」。私はここに星野監督の人間性と強いメッセージを感じました。

「与田よ。俺はおまえがどうしても欲しい。しかし、来るか、来ないかはおまえ自身の自由だ。自分で判断しろ」

そんなことを言われたように感じたのです。会社からの強い引き留めもありましたが、私は星野監督の下で野球をすることを決断しました。

「抑えはやりがいがあるぞ」

プロで初めて経験するキャンプは決して順調だったわけではありません。私はオーストラリアから沖縄にキャンプ地を移した初日、ダッシュで右足太ももの肉離れをしてしまい、二軍での調整を余儀なくされました。

しかし、結果的には二軍での調整は私にとってプラスに働きました。自分の周りから記者の姿が消えたことで焦りもなくなり、トレーニングに集中できたのです。アマチュア時代からの疲労が蓄積していた肩やヒジを休ませる効用もありました。加えて十分に走り込むことで下半身を強化することもできました。

一軍に上がったのは開幕の約1カ月前。三度の登板はいずれも上々の出来で、スピードガンの数字も150キロ超えをマークしました。こうして、何とか開幕一軍の切符をものにしたのです。

星野監督にストッパーを命じられたのは開幕の直前でした。監督室に呼ばれ、いきなり言われました。

「どうだ。抑えをやってくれんか」

素直に「はい」とは言えませんでした。私はアマチュア時代からずっと先発専門で、抑えの経験はほとんどありません。中日も先発ピッチャーとして私を指名したはずでした。私が入団した当時の中日は巨人から移籍してきた西本聖さんがエースで、まだ今中慎二や山本昌ら若手投手は育ってはいない状況だったのです。私が指名されたのも、即戦力投手として期待されたからでした。

もちろん、私が先発を約束されていたわけでも、契約書にそれが明記されていたわけでもありません。先発か、中継ぎか、抑えかを決定する権限は監督にあります。そして、私にストッパーの役割が回ってきた理由が、前年までのストッパー、郭源治さんが故障したからだというチーム事情も理解していました。

私は弱々しい声で言いました。

「一応、ずっと先発として調整してきたし、入団前からそのつもりだったんですが……」

「そんなもん、入ったら関係あるか。決めるのは俺や」

「じゃあ、開幕からということですか」

「そうや」

「抑えはまったく経験ありません。面白いんでしょうか」

「当たり前や。ゲームの締めくくりやないか。やりがいがあるぞ」

監督と話しているうちに、いつしか気持ちは前向きになっていました。開幕を未経験のストッパーとして迎えるのは、考えればたまらない怖さなのですが、「これは案外面白いかもしれない」と思い始めたのです。

「わかりました。やらせていただきます」

そう言って、私は監督室を出ました。

環境が人を育てる

抑え投手としての出番はいきなり開幕戦でやってきました。忘れもしません。1990年4月7日、ナゴヤ球場での横浜大洋ホエールズ戦です。延長10回を終わって5対5の同点。11回表、無死一、三塁という絶体絶命のピンチでの登板でした。

普通、新人投手であれば、最初はもっと気楽な場面で登板させるでしょう。そうした試運転を二、三試合経た上で、厳しい場面を経験させるのが普通です。しかし、星野監督は違いました。

「期待している若手はいきなり火のなかに放り込む。気楽な場面で抑えたところで、自己満足しか残らない。失敗したら、次にやり直せばいいんだ」

これが星野流です。投げる私も、その気持ちに応えるしかありません。私はキャッチャーの中村武志のサイン通り、渾身のストレートを投げ込み、その回を無安打、2奪三振に抑えました。全18球のうち、17球がストレート。スピードガンの表示は13球が150キロを超えていました。その裏、中日も無得点。試合は雨がひどくなり、11回で引き分けとなりました。

このときの投球は今も鮮明に憶えています。試合が終わり、緊迫した場面で自分でも信じられないようなボールを投げられたことに驚きました。同時に、「これから毎試合同じことを続けなければいけないのか」という不安が脳裏をよぎりました。相手を抑え、無事にマウンドを降りた安堵感より、次にまた同じような場面でマウンドに上がらなければならない心配のほうが大きかったのです。

しかし、どんなに不安でも逃げることはできません。「行け」と監督に言われれば、マウンドに上がるのがピッチャーの宿命です。思い通りに抑えたこともあれば、サヨナラホームランを浴びたこともあります。無我夢中で投げました。結局、この年は50試合に登板し、4勝5敗31セーブ。防御率3・26。最優秀救援投手と新人王という素晴らしいタイトルを獲得することもできました。シーズンに入る前は予想もできなかったことです。

これも星野監督が私をストッパーに抜擢し、自分でも気づいてなかった潜在能力を引き出してくれたからです。よく「環境が人を育てる」と言われますが、その環境をプロ1年目の私に与えてくれたのは星野監督でした。その後、私はトレードやテスト入団で何人もの監督に出会いましたが、星野監督には今も特別な思いがあります。

星野監督には毎日のように怒られました。たいていはマウンド上です。先頭バッターをいきなり四球で歩かせたり、ランナーを背負っている場面で初球、二球目とボールを続けたときです。

「何をやっとるんや」

ベンチから怒声が飛んでくることもあれば、マウンドにきて怒鳴られたこともあります。抑えてベンチに戻っても「心配させやがって」と言われました。しかし、バッターを歩かせて困るのも、ボールを先行させて困るのも私です。

「いちいち言われなくても、そんなことはわかっている」

そう思って投げたこともありました。150キロのボールは投げられても、それをきっちりコースに投げ分けるコントロールが私にはありません。しかも当時のナゴヤ球場は現在のナゴヤドームと違って狭いため、長距離打者なら高めのボールをこすったような当たりでもフェンスを軽く越えてしまいます。だから、コントロールがないなりに、コースを狙って投げます。必然的にフォアボールは増えました。

一度だけ、マウンドにやってきた星野監督に反論したことがありました。

「フォアボールを与えた責任は僕にあります。でも、絶対にホームは踏ませませんから」

星野監督は「きさま、今の言葉をよく覚えとけよ」というようなことを言って、ベンチに戻られました。私は約束通り、無失点に抑えました。そして、この試合以後、私がフォアボールを出しても星野監督は黙っていました。いつもベンチから鬼のような形相で睨んではいましたが。

安易に論じられない「鉄拳」の是非

北京オリンピックで指揮をとっていた星野監督の表情は、私が中日ドラゴンズでお世話になった頃とはずいぶん違う印象でした。当時は星野監督もまだ40代前半で、血気盛んな頃でしたから、違って当然かもしれません。

私の現役時代は、マウンドに行くと、「いっちょ、やってみろ」とでもいうような気合の入った顔で、無言のうちに背中を押してくれる熱いオーラが星野監督にはありました。そんな星野監督の下でプレーすることに、私は生きがいを感じました。

選手はみんなよく怒鳴られたし、巷間言われるように、鉄拳が飛んできたこともあります。もちろん、そうした指導を肯定するつもりはありません。しかし、外部の人間にとやかく言われたくないという気持ちは今でもあります。言い方を換えれば「家庭の問題に、よその人間は口をはさむな」ということです。それくらい強い信頼関係が監督と選手の間にはあり、チームはファミリーのようにまとまっていました。

おそらく私より上の世代でスポーツをやっていたことがある人なら、高校、大学で「鉄拳も辞さず」といった指導を経験した人は多いのではないでしょうか。OB会や同級会で、当時のことを懐かしい思い出として先生と話す機会もあると思います。

「おまえはずいぶんヤンチャ坊主だったよな」

「いやあ、先生にはよくシバかれました。いつも、このヤローって思ってましたよ」

そんな笑い話ができるのです。

でも、今同じことをやったら、すぐ問題になるし、選手もついてこないでしょう。最近はちょっと叱るだけで萎縮してしまう選手もいます。あるいは「うるせえな。偉そうに」

と露骨に嫌な顔をする選手もいるようです。

私も社会人野球時代にサラリーマンを経験しているのですが、最近はサラリーマンもずいぶん変わってきていると聞きます。ある部下がミスをしたので、ちょっと注意したところ、歩いて数歩の距離しかないにもかかわらず、メールで「申し訳ありませんでした」と謝ってきたそうです。人と人が接する、コミュニケーションの形態は劇的に変わりつつあるのかもしれません。

私の時代は球団の合宿所はたいてい二人部屋でした。今はほとんど個室です。バイキング形式の食事も、昔は先輩に呼ばれて同じテーブルで一緒にするのは当たり前。「おまえ、まだ甘いなあ」「何考えて野球やってんだよ」と嫌味や文句を言われるのですから、最初は嫌でした。でも、そのうちに野球をネタに話が弾むのです。特に先輩バッターからは打席での打者心理を聞くことができ、ずいぶん勉強になりました。辛辣なことを言われているようで、実は有意義なアドバイスであったりしました。それがわかってくると、その先輩とはいい関係になれたものです。

しかし、時代が変わり、現役で野球をしている世代が変われば、指導法や監督・コーチの選手に対する接し方も変わって当然でしょう。

西武ライオンズの渡辺久信監督は私と同い年です。彼は寛容をキーワードに「選手を頭ごなしに叱りつけない」「ミスをしても試合中は責めない」という指導で、チームを日本一に導きました。こうした指導が今の世代には合っているのかもしれません。

星野監督に潰されたのではない

私のプロ野球での現役生活は、実質的には2年で終わりました。2年目は肩や背筋を痛め、勝ち星はなし。新人王で翌年0勝に終わったのは私がプロ野球史上3人目だったそうです。3年目が2勝5敗23セーブ。あとは8年間で2勝しか挙げられませんでした。

よく「与田は星野に潰された」と心ないことを言う人がいますが、そう言われるのが一番辛いところです。故障で2年目以降、満足な成績を挙げられなかったのも自分の実力なら、そもそも故障し、そこから復活できなかったのは自分の責任です。自分の体の具合を把握し、それを首脳陣に報告した上で、きちんとした対処をすることができなかったのは私なのですから。

2シーズンだけでも、野球というスポーツを通じて素晴らしい時間を過ごせたことに私は満足しています。そして、私を信じ、常に大事な場面で使い続けてくれた星野監督にはいくら感謝しても感謝しきれません。

あの2年は本当に充実していました。味方がリードしたゲームの終盤になると、星野監督がマウンドに歩いていく姿がブルペンから見えます。

「たぶん、自分だろうな」

そう思って体に緊張が走った瞬間、「ピッチャー、与田」のアナウンスが場内に響き渡ります。その声はまるで監督が「与田、この試合はおまえにまかせたぞ」と言っているように聞こえました。

「与田で負けたんならしょうがない。うちのチームはあいつと心中なんや」

「たった一人を打ち取ってのセーブもある。わずか1球投げてのセーブもある。いろんなセーブがあるが、与田のセーブはホンマもんや」

面と向かって褒められることはほとんどありませんでしたが、記者を通してそんな言葉が何度も耳に入ってきました。

私の時代は、ストッパーは今のように最終回1イニング限定の登板ではありません。接戦になった場合は2イニング、3イニング投げることもありました。プロ1年目の50試合で88回3分の1という投球回数がそれを物語っています。しかし、これは私にかぎったことではありません。当時のストッパーと言われるピッチャーはみんなそうでした。

確かに登板試合が増えるにつれて、疲労は蓄積していきました。肩やヒジの痛みだけでなく、疲労は全身に及び、疲れ過ぎて眠れない夜もありました。まだ、プロ1年目で1シーズンをどう過ごすのかがわかってない面もあったと思います。やがて、痛みに耐えきれず、痛み止めの薬に頼るようになりました。しかし、薬は飲み続ければ免疫ができ、だんだん効かなくなります。

次に頼るのは痛み止めの注射です。オールスターが終わり、8月に入った頃から打つようになったのですが、要するに麻酔と同じで、感覚を麻痺させるに過ぎません。

トレーナーから「少し休んだほうがいいんじゃないか」とも言われましたが、その気はありませんでした。前半低迷していたチームがようやく調子を上げ、自分の真価が問われるのはこれからだという思いでした。

もちろん、今日は休みたいと思ったことがなかったと言えばウソです。来季以降、大丈夫だろうかという不安もありました。しかし、もしここで投げなかったら、投手としての寿命があと3年伸びる、あるいは、あと3球投げたらヒジが壊れるというようなことは誰もわからないわけです。だったら、自分が求められる場面で、その期待に応えるピッチングをしたい。それが当時の私の気持ちでした。

不思議なもので、少々肩やヒジが痛くても、星野監督がブルペンにいる私を見て「さあ、行くぞ」という目をすると、その痛みは消えました。

「俺は星野監督を男にするために、今、野球をやっているんだ」

そんな気持ちが、私だけでなくチーム全員にあったと思います。

もう一つ、私が投げ続ける道を選んだのは父と関係があります。

父は私が小学校2年生のときからガンと闘い、大学1年生のときに逝きました。入退院を繰り返しながらも家族のために働き、満足に運動できるはずもないのに私のキャッチボールの相手をしてくれました。その日、そのとき、自分ができることを精一杯やる。それが父の生き方なのだと、子供心に理解することができました。

人間、いつ、どこで何があるかは誰もわかりません。そして、そうであるなら、今、自分に与えられた役割を全力で全うするしかない。そんな思いは現役時代だけでなく、今も私の心のなかにあります。

私を野球へと導いてくれた父

私に野球をやるきっかけを与えてくれたのは父です。まだ小学校に上がる前、会社の社宅の前で、父とキャッチボールをした記憶があります。父は私に左利き用のグラブを与えました。父自身がサウスポーだったので、息子も左で投げてほしかったのでしょう。しかし、右利きの私はいつのまにか右手にはめるべきグラブを左手にはめてしまい、父もすぐに左で投げさせることをあきらめたそうです。

もし、このとき、左で投げるようにしていたら、どうなっただろうと思うことがあります。その後の私はなかったかもしれません。

同時に、父が野球のグラブとボールではなく、サッカーボールを私に与えていたら……。案外、サッカー選手を目指していたかもしれません。父は高校時代に硬式野球部に所属しており、自分の息子に野球をさせるのは当然のことだと思っていたようです。中学、高校で野球部を選んだのは私自身の意思ですが、最初に野球へと導いてくれたのは間違いなく父でした。

その父にガンが発病したのは小学校2年生、8歳のときでした。入院中は毎週土曜日と日曜日に母と姉と私と家族全員で見舞いに出かけました。一度、父と別れ、部屋を出るのが嫌で泣いたことがあります。頬を涙で濡らした私に、父が言いました。

「家族で男はおまえだけなんだ。しっかりしろよ」

父は入退院を繰り返し、病状は徐々に悪化していきました。それでも父は退院し、体の調子がいいときは外に出てキャッチボールをしてくれました。医師は「とても運動ができる状態ではないのに」と驚いていました。しかも、放射線治療により髪の毛はほとんど抜けています。普通なら、とても外に出る気分ではなかったと思います。しかし、父は何とか息子との時間をつくろうとしてくれたのです。

そんな父のためにも、家計がたいへんな母のためにも、プロ野球選手になって、たくさんお金を稼ぎたいと思いました。中学の頃です。父の入院費、家族の生活費、私と姉の教育費……。この年齢になれば自分の置かれた現実と世の中の仕組みが見えてきます。だから、今の状況を打開するにはプロ野球選手になるしかないと考えたのです。

中学、高校時代は野球部の練習だけでは納得がいかず、家に帰ってからも毎日、死にもの狂いで練習しました。他人が見たら、その姿には狂気に近いものがあったと思います。近所の野原で父が立ててくれた木の板をめがけて、何百球も投げ、毎日走り込みもしました。中学2年、3年のときには朝4時に起きて新聞配達もしました。自己流のバッティング練習もハンパなものではありませんでした。

「今日はバットから手が離れなくなるまで、素振りをしよう」

そう決めたら、本当に手のひらが血だらけになるまで素振りをしました。自分でも数えられないくらい素振りをしていると、やがてマメが破れてグチャグチャになり、痛くてバットから手を離すことができません。しかたないので、バットを握ったまま、公園にある水道の蛇口をヒジで開け、水をかけながら10分ほど冷やします。そして、徐々に手を離していき、ボロボロになった手のひらを見て納得するのです。

「よし、今日はこれだけ練習したぞ」

もちろん、家に帰れば、その手を包帯でグルグル巻きにしなければなりませんでした。今振り返っても、よくあれだけの練習ができたものだと思います。それもトレーニング理論の裏づけがあるような内容ではありません。

がむしゃらに自分の肉体を酷使することで、現実の不安から逃れ、何かにすがりつこうとしていたのかもしれないと、今になって思います。そして、そんな馬鹿げた練習を続けられたのは、父にプロ野球選手となった姿を早く見せたい、母に早く楽をさせたいという気持ちがあったからです。可能であるなら、高校を中退してでもいいからプロ野球選手になりたいと考えていました。

しかし、現実には甲子園にも出場できず、高校3年時にドラフト会議で指名されることもありませんでした。

プロ野球選手を目指すために、私は大学進学を希望しましたが、それが父や母に負担をかけるのはわかっていました。私は野球部の監督に相談し、入学金や授業料の負担が軽減される特待生で入学できる大学を探しました。

その結果、セレクションを受けられることになったのが亜細亜大学です。合格できたのは運がよかったからです。実際、セレクションに参加してみて、名門野球部のレベルの高さと自分の実力不足を思い知らされました。

大学入学を一番喜んでくれたのは父でした。父自身、家庭の事情で大学進学が叶わず、野球を断念しなければならなかった経験をしています。それだけに私に野球を続けさせたいという気持ちは強く、心のどこかで夢を息子に託していたのだと思います。

「ワシが父親代わりだ」

父が亡くなったのは私が大学1年の6月でした。その2カ月前の入学式に、父は医師の制止を振り切り、病院を無理矢理抜け出してやってきました。痩せこけて、歩くのもやっとの状態で、母に抱きかかえられるようにして、息子の入学式に出席してくれたのです。入学式のあと、親子3人、春のリーグ戦が行われている神宮球場に行きました。静かにグラウンドを見つめていた父の姿が忘れられません。

父が死んだことにより、大学で野球を続けるのはもう無理かもしれないと覚悟しました。入退院を繰り返しながらも働き続けた父ですが、もうその給料も入ってきません。経済的なことを考えれば、私は退学もしかたないだろうと思いました。ところが、母は「大学だけはちゃんと卒業しなさい」と言ってくれました。

私が大学で野球をすることは父の望んだことでもあり、どんなことをしてでも卒業させるという気持ちだったのでしょう。父の死後、親戚の人たちも「何かあれば力になるから」と言ってくれたようでした。

うれしかったのは亜細亜大学の矢野祐弘総監督の一言です。

「これからはワシがおまえの父親代わりだ。おまえの才能を開花させるには練習しかない。どうだ、卒業までワシと一緒にやってみんか」

内田俊雄監督も私を支えてくれた恩師です。

「心配せんでいい。俺が野球を続けさせてやる」

お二人にはずいぶん励まされ、勇気をいただきました。父の死はたとえようのないショックでしたが、野球が続けられると思うと、再び未来の希望が見えるようでした。

練習は壮絶を極めました。1日に1000球投げた時期もあります。炎天下、毎日、フラフラになりながら、投げ続けました。キャッチャーは何人も代わるのですが、投げるのは私一人。それを矢野総監督と内田監督がじっと見守ります。もちろん、他の部員も練習していますから、途中で姿を消されることもありますが、必ず戻ってきて最後まで私の投げ込みに付き合ってくれました。お二人が見守ってくれることは、私が苦しさを乗り越える上での大きな心の支えでした。

教育とは「教え、育む」ことです。大事なのは「育む」ことではないでしょうか。教えることはしても、教えっぱなしのままのケースが多いのが現実です。育むためには時間がかかり、そこには愛情を必要とします。矢野総監督と内田監督の教育とはまさに「育む」ことに重点を置いたものだったと思います。

しかし、大学時代の私はチームに貢献することはできませんでした。血行障害により手のひらにメスを入れ、リハビリに長期間を費やしました。その後も、投げては故障、投げては故障の繰り返しでした。神宮で挙げた勝ち星はたった一つ。それも一学年先輩の阿波野秀幸さん（元近鉄・現野球解説者）の助けを借りてのものでした。

大切な野球の時間をつくってくれた人

大学時代にろくな実績を残すことができなかった私にドラフトで声がかかるはずがありません。秋のリーグ戦が終わっても、社会人野球のチームからの誘いはありませんでした。唯一、声をかけてくれたのが地元千葉の企業でした。ただし、その企業にあるのは軟式野球部。軟式野球が悪いというのではありません。軟式野球出身で成功した大野豊さん（元広島）の例もあります。しかし、私はプロへの道をより確かなものにするには硬式で続けるしかないという考えでした。母は進路を心配しましたが、地元企業の誘いは丁重にお断りしました。

いよいよ卒業が間近になりましたが、私の就職先は決まりません。

切羽詰まって矢野総監督と内田監督のところに行くと、うれしい話が待っていました。

「ＮＴＴ東京がおまえに興味を持っているぞ」

聞けば、私が大学2年のとき、社会人相手にいいピッチングをしたのをＮＴＴ東京の森二郎監督が見て覚えており、「あの与田が手術して、再び投げられるようになっているなら」と関心を示してくれたというのです。総監督と監督が私の窮状を知り、ＮＴＴに頼んでくれたことは容易に想像がつきました。

ＮＴＴ東京の森監督はわざわざ大学に足を運び、私のピッチングを見てくださいました。しかし、そのときの私は故障明けで、投げたのはとても試合で通用するボールではありませんでした。それでも、森監督の判断は「合格」。社会人野球でＮＴＴ東京といえば名門であり、この年も採用したのはわずか4人でした。

おそらく、ここでＮＴＴ東京に就職できなかったら、私のその後の野球人生はなかったと思います。軟式に進んでいたら、やはり私はモチベーションを保つことができなかったでしょう。

社会人時代の2年目、私は社会人静岡大会で、ヤマハの西村龍次（元ヤクルト、ダイエー）と投げ合い、勝利しました。これが評価され、全日本代表合宿に招集されます。さらに代表メンバーとしてキューバ戦で好投。マスコミやスカウトに俄かに注目され、晴れて子供の頃からの夢だったプロ野球選手となることができました。

これも森監督がNTT東京採用を決断してくれたからです。森監督は私にとって大切な野球人生の時間をつくってくれた方です。どんなに野球をしたくても、どんなにプロへの意欲があっても、野球をする環境がなければ思いは叶いません。一人の力で自分の夢が実現するわけではないのです。NTT東京の森監督と、亜細亜大学の矢野総監督と内田監督。この3人は私にとってかけがえのない恩師です。

自宅で指導してくれた広岡さん

プロに入ってからも数多くの素晴らしい指導者に出会いました。その一人が広岡達朗さんです。

広岡さんは中日で臨時コーチを務められていた時期があり、さまざまなアドバイスをしていただきました。東京の広岡邸に呼ばれて、ピッチングフォームや、体のバランスをチェックしていただいたこともあります。庭には私のためにピッチングができるようにネットが張られており、これには恐縮しました。

当時、私は痛めたヒジをかばうような投げ方をしていて、ヒジをかばううちに肩や腰や脚に負担がかかり、バランスを崩していたのです。故障した選手にありがちな悪循環です。

広岡さんのアドバイスでは、技術的なことより精神面や心構えについての話が印象に残っています。簡単に言えば、自分を客観的に見つめ直すこと。今の自分の現状を正確に把握し、こうありたいと思う自分を想定します。そこへ至るためには何が必要で、どんな準備をしなくてはいけないかを一つひとつ整理するということです。さまざまな欲望や邪念を振り払うことも、栄養管理も大切であるとおっしゃっていました。ただ、広岡さんの玄米と自然食品を中心とした食事だけは私には向いていませんでしたが。

1996年6月、その広岡さんがGMをされていた千葉ロッテマリーンズに、トレードで移籍することが決まりました。広岡さんとは、縁があったのだと思います。この年は、1991年に退任した星野監督が中日ドラゴンズに復帰した1年目でした。何とか星野監督を胴上げしたいと思いながら、満足できる結果を出すことができず、私自身、精神的にも追い詰められていた時期です。

千葉ロッテマリーンズは私の地元チームでもあり、「環境さえ変われば、調子も戻るだろう」というのが広岡GMと星野監督の考えだったようです。私も中日にいるよりチャンスは増えるかもしれない、この際、一から出直そうと思いました。

ハンバーガーリーグでの貴重な経験

ロッテ時代で一番の思い出は、移籍後まもなくアメリカ留学を経験したことです。ロッテはメジャーリーグのサンディエゴ・パドレスと提携関係にあり、私はパドレス傘下2Aのメンフィスに行くことになりました。普通、野球でアメリカ留学と言えば、将来性の高い若手選手が対象です。三十過ぎの中堅選手が留学するのは珍しいことなのですが、これも広岡GMの配慮だったと思います。「あまり焦らず、違った角度で野球を学んで来い」ということだったのではないでしょうか。

約2カ月間参加しましたが、たいへんだったのはバスの移動でした。ときには10時間以上、腰が痛くなるほどオンボロバスに揺られての移動です。NBAのマイケル・ジョーダンが野球に挑戦したとき、移動があまりに辛いため、チームに新しいバスを寄贈したという有名なエピソードがありますが、その気持ちがよくわかりました。

ハンバーガーリーグの異名があるほどで、選手は毎日、来る日も来る日もハンバーガーを食べます。日本円で1000円ほどの食費を払えば、試合後、ロッカールームでパスタやチキンやピザを食べられるのですが、ハンバーガーなら仮に50円のものを6個買っても300円。彼らはそこまで節約しなければならない環境で野球をやっているのです。そして、そうした劣悪な環境を克服し、結果を残した選手だけがメジャーへと這い上がっていきます。日本の二軍とは厳しさの点で比較になりません。

私はロッテから給料が支払われているため、食事で苦労したことはありませんが、見るもの聞くものすべてが新鮮で、貴重な体験をさせてもらいました。感心したのは選手たちの野球に取り組む姿勢です。どんなに経済的に恵まれてなくても、彼らには自分が好きな野球でお金をもらっているという喜びがありました。野球をエンジョイしているのです。日本での私が「もう一度、全盛時の球威を取り戻したい。何とかしなければ」と自分で自分を追い込んでいたのとは対照的でした。

私が練習で考え込んだ表情をしていると、すぐにコーチや選手から、

「ヨダ、スマイル、スマイル」

という声がかかりました。

私の考え方も少なからず変化しました。「こうしなければいけない」から「こうしてみよう」になったというのでしょうか。周囲の評価や目を気にせずトライし、最後は自分で納得し、責任をとればいい。そして、どうせトライするんだったら、楽しくやろう。そのように考えられるようになりました。

なお、同じチームには現在、シカゴ・カブスで活躍するデレク・リーがいました。日本でもおなじみのレオン・リー（元ロッテ）の息子です。この頃のリーは変化球にもろさがありましたが、バットの芯に当たったときの飛距離は凄まじいものがありました。あんな打球はそれまで日本でお目にかかったことはありません。

「これは紛れもなくホンモノだ。近い将来、メジャーのスター選手になるだろう」

と私は確信しました。

プライドを捨てても

私は二度の戦力外通告を受けています。最初は1997年のオフ、ロッテから「来季は契約できない」」と言い渡されました。広岡GMは前年、すでにチームを去っていました。このとき、私の心を占めたのは、ユニフォームを脱いで苦しい日々に終止符を打つ安堵感より、自分に対する悔しさ、はがゆさでした。

「このままでは納得できない。まだ気力も体力もある。もう一度トライしてみよう」

現役続行の道を決断した私は、日本ハムの入団テストを受けることにしました。家が近所だった井上祐二さん（現ロッテ投手コーチ）に練習のパートナーになってもらいました。井上さんもロッテを解雇されていたのです。まもなく井上さんはロッテの二軍コーチに就任しましたが、練習には最後まで付き合ってくれました。30歳を過ぎたオッサン二人が公園で硬式ボールをビュンビュン投げている光景はさぞや奇妙だったと思います。

無事、日本ハムに合格できましたが、テストを前に新聞記者からかけられた言葉にカッとなりました。

「過去に新人王になった選手でテストを受けた選手は一人もいません。与田さんはそのことをどう思われますか」

「僕がその第1号になってテストに合格すれば、今後、新人王を獲った人もテストを受けやすくなるんじゃないですか。あなたのような質問をする人もいなくなりますから」

その記者が私に何を言わせたかったのかはわかりません。「新人王のプライドを捨て、恥ずかしくないのか」という思いで質問をぶつけてきたのでしょうか。

プライドとは誇りであり、見栄ではありません。私は入団テストを受けるのを恥ずかしいと思う気持ちはプライドではなく、見栄でしかないと思います。そんな見栄に邪魔され、自分が本当にしたいことをあきらめたり、自分の気持ちにウソをつく必要があるでしょうか。私は挑戦して失敗するより、挑戦しないまま後悔を引きずるほうが嫌です。

過去に戦力外通告を受けた先輩で、「本当はテストを受けたいんだけど」という人を何人も見てきました。ほとんどの選手が心のどこかで「テストを受けてまで」、つまり「プライドを捨ててまで」と思っているのです。だったら、自分が率先してやればいい。そんな気持ちも入団テストを受けた動機の一つです。

今は12球団合同トライアウトが実施され、多くの選手に再雇用の門戸が開かれています。しかし、当時は入団テストを実施する球団も少ないのが実情でした。私は野球を続ける気力があるなら、一度や二度の戦力外通告であきらめず、どんな可能性も追求すべきだと思います。日本でダメなら、韓国や台湾、あるいはアメリカやメキシコの独立リーグでプレーしてもいいのです。

テストに合格した私が上田利治監督に挨拶に行くと、温かい言葉で迎えてくれました。

「まだ若いんだから、これからいくらでもチャンスがある。頑張って一軍に上がり、チームに貢献してくれよ」

しかし、日本ハムに在籍した2年間、一軍のマウンドは私にとってずっと遠い場所でした。ヒジ痛に苦しみ、手術もしました。「この痛みさえとれたら」という思いがずっと私を悩ませました。

一軍で投げたのはわずか1試合。それも2年目のシーズンの最終戦でした。その対千葉ロッテマリーンズ戦が、球団が私のために用意してくれた花道とも言うべき試合だということはすぐにわかりました。「ピッチャー、与田」のアナウンスに日本ハムファンだけでなく、ロッテファンからも歓声が上がり、うれしさがこみ上げてきたのを覚えています。1イニングを投げて、1安打、1四球、1失点。点を取られた悔しさに、「この気持ちがあるかぎり、まだ俺はやれる」と思いました。

試合後、上田監督は、

「力になれなくて、すまんな」

と声をかけてくれました。この試合を最後に上田監督も退任することがほぼ決まっていました。私は上田監督の心遣いをうれしく思う半面、監督にこんな言葉を吐かせるようではダメだ、自分が情けないと痛感しました。

野村監督の教え

上田監督がかけてくれたのと同じような言葉を、今度は阪神タイガースの野村監督から聞きました。阪神にテスト入団したものの、1年で解雇されたのです。

「とうとうおまえの力を引き出すことができなかった。申し訳ない」

球団からは韓国での受け入れ先が見つかるかもしれないとも言われていましたが、この言葉で「もうこれ以上現役を続けるべきではない」と決断できました。何しろ、私を拾ってくれた名監督二人に同じことを言わせてしまったのですから。

「一軍で投げられなかったのは自分の責任です。監督にチャンスを与えていただいたことを感謝しています」

「タイトルを獲得したこと。故障で苦しんだこと。長いファーム暮らしを経験したこと。それはみんなおまえの財産や。今後の野球人生を過ごす上で、無駄にするなよ」

歯に衣着せぬ野村監督は選手に冷たいように思われがちです。それはテレビや新聞がそうした部分ばかりを誇張して取り上げるからで、実は温かい言葉をかけてくれることのほうが多いのです。もちろん、辛辣な一言もあります。野村監督にはテスト入団が決まった段階で、いきなり「かっこつけんなよ」と手痛いアドバイスをもらいました。

「どんなに速いボールを投げても、勝てなければしょうがない。150キロを超えるボールを投げて周りに騒がれれば、自分は満足かもしれん。でも、それだけで勝てるんか。プロは勝ってなんぼの世界や」

その通りだと思いました。かっこつけているつもりはなくても、そう見られるのは自分が中途半端だからです。スピードへのこだわりが再起の弊害になっていることに気づきながら、新人時代のイメージをずっと追いかけていたのです。私はプロとして勝つためにも、もう一度ゼロからスタートしようと覚悟しました。しかし、この年、私の右ヒジは軟骨が磨り減ってなくなるほどの状態で、最後まで自分が理想とするピッチングフォームをつくることはできませんでした。もはやプロでお金をもらう体ではなかったのです。

引退後の進路はまだ決まっていませんでした。でも、こんなときにも野村監督の言葉は心に響きます。

「人間は生まれもって不公平、不平等である。しかし、時間だけは平等にある」

有名な『野村の教え』にある一節ですが、平等に与えられた時間をどう使うかによって人生は決まるということです。私にとって今も大切な教えです。

第3章 世界一のブルペンで学んだこと

リリーフ投手は何球で肩をつくれるのか

サムライジャパン13人の投手編成が決定したとき、原辰徳監督と我々コーチ陣は、松坂大輔（レッドソックス）、ダルビッシュ有（日本ハム）、岩隈久志（楽天）を先発で固定し、勝敗の結果によっては、もう一人の先発投手を用意する予定でした。残りの投手はリリーフで力を発揮してもらう布陣になりました。

今回のメンバーで、シーズン中からリリーフ専門で登板している投手は、山口鉄也（巨人）、馬原孝浩（ソフトバンク）、藤川球児（阪神）の3人。あとのピッチングスタッフは各チームの先発ローテーション投手です。小松聖（オリックス）は中継ぎ登板もありましたが、他の投手はほとんど救援経験がありません。中継ぎ専門の投手が少ない不安も指摘されましたが、力のある先発投手はリリーフも十分にこなせると判断したのです。

そこで、まず考えなければならないのは「先発からリリーフに転向する投手が、ブルペンで何球くらい投げれば登板可能なのか」ということでした。

私の現役時代を思い返すと、個人差はありましたが、一度肩をつくったあと、だいたいブルペンで20球くらい投げて、マウンドに向かう投手が多かったようです。しかし、特別な事情でもないかぎり、試合中のブルペンにいるのはリリーフが専門の投手。期間限定でリリーフに回る先発投手が同じような調整で大丈夫なのか。まず、しっかりと各投手のブルペンでの球数を把握する必要性を感じたのです。

先発の3人は、シーズンと同じような調整をしてもらえばいいわけです。十分な実績を持っている投手ですから、安心して本人たちにまかせました。また、リリーフ経験豊富な3人は、ブルペンで何をするかは知り尽くしていますから心配はありません。

ですから、渡辺俊介（ロッテ）、杉内俊哉（ソフトバンク）、内海哲也（巨人）、岩田稔（阪神）、涌井秀章（西武）、田中将大（楽天）らの球数と肩の出来具合をチェックし、何球くらいで肩がつくれるのか、1回肩をつくったあとにブルペンで何球投げたら登板可能となるのか、自己申告させるようにしたのです。

しかし、実際の球数はかなり個人差がありました。

やはり、ふだんは先発として登板しているからでしょう。ブルペンで球数を多く投げたがる投手が目につきました。そこで試合展開によって何度か肩をつくるような場面では、多く投げたピッチャーには、1回目の球数を20球くらいで抑える指示を出し、調整してもらうようにしたのです。

大会中は、各投手がブルペンで何球、ゲームで何球を投げたかを用紙に記入して、トレーナーや山田久志コーチに報告するシステムになっていましたが、ブルペンにいる私は直接ボールを受けたキャッチャー陣から球数の確認をするようにしていました。

もう一つは、私が抱いている各投手のピッチングスタイルと得意なボールというイメージがあります。また、こういう投球フォームのときは調子がいい、悪いという私なりの見方もありました。

プロ野球解説者として、キャンプ中のブルペンでの投げ込みやペナントレースの試合などで、今回代表に選ばれたピッチャーの投球は何度も見てきましたが、実際に目の前の練習を見ることで、そのギャップを確認する作業をしました。これは解説者としての先入観を払拭する意味もありました。自分の眼で投手陣を観察するという基本的なところから、私はブルペン担当コーチの仕事をスタートさせました。

WBCの球数制限は必要

第2回WBCでは前回に引き続き、投手の球数制限がありました。前回より多少緩和されて第1ラウンドは70球、第2ラウンドは85球、決勝ラウンドは100球。また、連投の制限もあり、1試合で50球以上を投げた場合は中4日、30球以上50球未満で中1日の登板間隔をおき、30球未満でも連投した場合、3連投はできない仕組みになっていました。

このルールをしっかりと頭に入れて、投手起用を考える必要がありますが、それはコーチ陣の仕事ですから、投手陣や捕手陣には球数のことであまりナーバスにならないようにアドバイスしました。球数を気にするとボール球の使い方に迷いが生じ、ピッチングに支障をきたすからです。ボール球を有効に使って、ピッチングを組み立てる投手が、自分の投球スタイルを維持できなくなっては本末転倒です。

前回のWBCのときは、このルールはどうなのだろうと、部外者の私は疑問に感じました。ところが、今回代表チームのコーチとして考えると球数制限はやむを得ないことだと考えを改めました。

確かに調子のいいピッチャーを70球だからと、交代させることはゲームにも影響が出てきます。松坂のように球数が多くても調子のいい状態もあるでしょう。投手の調子が上がってきたときが交代時機というケースもあるかもしれません。

自分の調子がいいときは球数に関係なく、行けるところまで投げたいと思うのが、投手という生き物です。ただ、そうは言っても、多く投げれば投げるほど、ヒジや肩に負担がかかるのも事実なのです。私は現役時代に何度もヒジや肩の故障に泣かされた経験がありますから、投手に無理をさせたくないと思いました。

ＷＢＣ日本代表メンバーはそれぞれ各球団の大事な主力選手であり、私たちはそうした選手を預かっているわけです。彼らは、この大会のあとに長いペナントレースを戦わなければなりません。連覇することも大切な使命ですが、同時に選手たちを無事にチームへ戻すことも、私たちの役割と言えます。そう考えると、球数制限は理にかなった大会規定ではないかと思うようになったのです。

申し訳なかった岩田の故障

ブルペンやゲームでの球数チェックのほか、投手のヒジや肩の張りに関してはトレーナーから毎日どういう状態か、必ず報告がありました。私もブルペンで本人に、どこか異常がないか聞くようにしていました。ヒジや肩などの状態に何かあれば、遠慮することなく申し出てほしいと選手たちに声をかけており、どこかに痛みなどのある選手は登板させるつもりはありませんでした。トレーナーの報告と本人からの100％行けるという判断を確認して、初めて戦力として試合で起用しようと思っていたのです。

そうした細心の注意を払ったにもかかわらず、岩田の故障を早く発見できなかったことは残念でした。帰国後に左肩の炎症が判明し、開幕後も二軍調整を余儀なくされたことは申し訳ないと思っています。不幸中の幸いだったのは、第2ラウンド3月17日の韓国戦以降に登板の機会がなかったことです。もしマウンドに上がっていたら、炎症がもっとひどくなっていたかもしれません。

黒田博樹（ドジャース）の代表候補辞退で追加招集された岩田は、得意のスライダーが国際試合で十分に通用すると判断して、サムライジャパンのメンバーに選出されました。彼のスライダーは独特の変化をするため、最初の頃は城島健司（マリナーズ）や阿部慎之助（巨人）、石原慶幸（広島）の捕手陣がキャッチングに苦労する場面もありました。メジャーリーグの審判も、このスライダーの変化は見たことがなかったのでしょう。第2ラウンドが始まる前のサンフランシスコ・ジャイアンツとの練習試合では、セーブを挙げた岩田の変化球の曲がりに驚いている様子でした。

第2ラウンドの韓国戦で岩田が与えた押し出し四球は、きわどいコースを狙ったボールが外れたものでした。少しピンポイントで狙い過ぎたところがありました。あれだけボールが変化するのですから、多少コースが甘くても打者は打てなかったと思います。李机浩《イボムホ》が空振りした変化球のキレがあれば、もっとアバウトなコントロールでも十分に国際試合で活躍できるはずです。

「今度、登板するときは、コーナーを狙わなくても君の変化球は打てない。コントロールを気にせずに思い切って腕を振っていこう」

私は韓国戦のゲーム後、岩田にアドバイスを送り、次のピッチングに期待しました。

これ以降、登板の機会がなかった岩田でしたが、最後までサムライジャパンのブルペンを支えてくれました。

ブルペンとマウンドの調子はイコールではない

ブルペンで調子がいいからといって、必ずしもゲームで好投するとはかぎりません。その逆もあって、ブルペンでさほど調子がよくない状態でも、ゲームで素晴らしいピッチングをする投手もいます。岩隈と杉内がそうでした。

東京ラウンドから二人のブルペンでの投球を見て、あまり調子が上がっていない様子でした。少し不安になって、二人に調整具合を確認すると口を揃えて言います。

「ふだんからブルペンではあまり調子がよくないんですよ。いつもだいたい、こんな感じです」

WBCでは岩隈が4試合に登板して防御率1・35と抜群の安定感。杉内は5試合に投げて1本もヒットを許さない好投を見せるなど、二人の活躍がなかったら日本の連覇はなかったと言っても過言ではありません。

彼らはブルペンの調子が悪くても、本番のマウンドでしっかりと調整することができるタイプだったのです。こうした適応力の高さには驚かされました。ブルペンで本調子ではなくても、この二人に関してはまったく不安を感じないようになりました。

岩隈は昨シーズン、沢村賞投手に輝きました。その前の2年間は手術したヒジの状態が万全ではなく、思ったような活躍ができませんでした。昨年、201回3分の2イニングを投げた岩隈は、シーズン中にヒジや肩、腰の張りが出たこともあったと聞きました。その疲れが残っていないのか、その点が少し不安でした。ですから、ブルペンでもヒジの状態を気にかけるようにしていました。

岩隈はいつもマイペースで、冷静な判断ができる選手です。第2ラウンドで韓国に敗れたあとのキューバ戦、決勝戦と剣が峰の試合で見せた堂々たるピッチングは、彼の精神力の強さ、度胸のよさが出た場面ではないでしょうか。キューバ戦のときは、さすがにブルペンで緊張していたようですが、試合に入ると冷静に低めをつく投球で日本の勝利を呼び込みました。

決勝戦のときは岩隈と一緒にブルペンで国歌斉唱を聞きましたが、変な緊張感はなく、勝っても負けてもこのゲームが最後という、いい意味での開き直りがあったようです。試合を楽しむというリラックスした気持ちが8回までの好投につながったと思います。

陰のMVPと言われた岩隈は、シュート、カーブ、スライダー、フォークボールと多彩な変化球を操り、WBC使用球への適応力の高さを見せました。しかし、最初の頃はなかなかボールが手に馴染まず、かなり苦労していました。大会に入っても、WBC使用球を完璧に自分のものにしたわけではありませんでした。

そうした状況のなかで、コントロールよく変化球を投げ分けたことは、投手としての能力の高さを改めて示すものでした。

杉内には4番目の先発という役割も担ってもらおうと考えていましたが、試合の勝敗により、今大会は松坂、ダルビッシュ、岩隈の先発3人で回せる展開になったため、ゲームのポイントとなる大事な場面で、リリーフ登板する仕事に専念してもらいました。彼は顔色一つ変えずに、この難しい役目を果たしてくれました。内に秘めた彼の闘志は相当なものだったのでしょう。毎試合、ほぼパーフェクトなリリーフでした。もし、先発がピンチになっても杉内がいる。彼に対するベンチの信頼感は厚く、その期待によく応えてくれたと思います。

適応力の高さを見せたリリーフ陣

リリーフ専門の山口、馬原、藤川は、自分たちがブルペンでやるべきこと、救援投手の心構えなどを熟知していますから、調整は本人たちにまかせていました。特にクローザー経験のある馬原と藤川の信頼は厚く、先発からリリーフに回った投手たちが、彼らにいろいろとブルペンでの調整方法を聞いたり、逆に彼らがアドバイスを送ったり、投手陣の意見交換などもありました。

力のある先発投手でも、不慣れなリリーフをやることには一抹の不安があったと思いますが、彼らとコミュニケーションを図ることによって、それが解消されたのだと思います。

藤川や馬原たちの存在は、リリーフ陣の精神的な支柱になっていました。

新たなリリーフ役となった投手には、1回肩をつくったあとに何球くらい投げれば、いい状態で登板できるのか、その球数の把握に時間を費やしました。また、リリーフに向かうときは、マウンドで7～8球の投球練習ができることを念頭において、ブルペンで調整するように指示を出しました。

先発投手のようにブルペンで40～50球を投げて、いいボールがいかないからと、さらに投げ込んだりすることがリリーフ投手の場合はできません。思うような投球練習ができなくてもマウンドに行かなければならない。そうした意識改革も必要でした。

あとはブルペンでの過ごし方です。

試合の中盤になると、リリーフ投手は味方の攻撃、相手の攻撃の時間ともブルペンにいるわけです。この時間を上手に使って、自分の調整をしなければなりません。ゲームは常に動いています。たとえば、次に自分のリリーフがありそうだと肩をつくっても、試合展開によっては違う投手が急遽登板するケースもあります。また、先発投手が立ち直り、登板があと回しになることもあるでしょう。逆に自分の登板が突然やってくる場面もあるかもしれません。こうした心構えを持ってブルペンで待機することは、ふだん先発をやっている投手にとっては大変難しいことでした。

精神面に加え、身体面の準備もあります。

一度肩をつくって登板を待っている間に、体が硬くなることがあります。アメリカのサンディエゴは思った以上に気温が低く、一度投球練習を終えた投手にはブルペンで下半身を温める運動をやってもらうこともありました。

今回、日本の投手陣がＷＢＣ８強チームのなかで、防御率１・71と最高の成績を残しました。救援専門の藤川、馬原、山口を除いたリリーフ陣の防御率は１・19と投手陣全体の率を上回っています。これは先発からリリーフに転向した投手たちの適応力の高さを物語る数字でしょう。

これは、先発投手の好投を無駄にはできないというリリーフ陣の結束力がもたらした結果だと思います。

ブルペンの雰囲気は最高だった

大会中のブルペンは、毎試合いい緊張感に包まれていました。ピリピリした雰囲気というより、どのような場面においても自分たちに与えられた仕事をきちんとこなす。そうした投手陣のプロフェッショナルな意識に満ちあふれていました。

ブルペン入りしている投手全員が「グータッチ」をして、リリーフ投手を送り出すことに象徴されるように、ブルペン全体で相手打者に立ち向かっていく心構えを毎試合持っていました。

野手の川﨑宗則(ソフトバンク)が準決勝のアメリカ戦でスタメン初出場したときに、「ベンチにいるときもスタメンの気持ちで戦っていました」と言っていましたが、リリーフ投手陣もまさにその気持ちだったのです。

第2ラウンド順位決定戦の韓国戦まで出番のなかった内海と小松も、いつ登板要請があってもいいように、毎試合ブルペンで調整していました。この二人の精神力は並大抵のものではありません。どのような場面でベンチからリクエストがあるのか予想がつかないなか、第1ラウンドからよく耐えてくれたと思います。

内海は昨シーズン、12勝8敗、防御率2・73。巨人のローテーション投手として、セ・リーグ史上最大の逆転Vに貢献しました。一方の小松は昨年度のパ・リーグ新人王。15勝3敗、防御率2・51は、岩隈、ダルビッシュにつぐ好成績です。第4の先発ピッチャー候補に名前が挙がっても不思議のない投手でした。

試合展開や得点差により、これまで登板の機会に恵まれなかった二人ですが、内海と小松にかぎらず、こういうケースも想定内のことでした。山田コーチも私も連れて行った投手全員をゲームで投げさせたいという気持ちはありました。しかし、延長戦やタイブレークのことを考えると、無駄に投手を起用することはできません。

ファンの方からすると非情采配に見えるかもしれません。山田コーチも投手起用では苦労したと思います。投手陣の配置については、原監督と山田コーチが相談して決めました。金メダルを取りに行くには、どういうリリーフ投手の布陣がベストなのか。それを最優先した投手起用だったわけです。選手全員を満足させる采配というのは、まず不可能でしょう。勝利のためには、ときに非情とされる采配も必要だと感じました。

ですから、投手陣はみんな必死で練習に取り組んでいました。誰もがゲームで登板したいのです。特に若手投手はＷＢＣでの実績は大きな自信になります。ブルペンでの投げ込みにも力が入ります。その若手ピッチャーをやさしく見守っていたのが、投手陣最年長の渡辺でした。自分の練習はマイペースでこなしながら、若手のピッチングを気にかけていたことが印象に残っています。

代表入りした投手には、みんなプライドがあります。変なしこりを残してはまずいと思い、ＷＢＣという短期決戦では、調子のいい投手を優先して使う方針を徹底させました。

そうしたなか、ベンチの期待に応えた投手はもちろん、さまざまな葛藤を抱えながらも必死で耐えてくれたリリーフ陣は、連覇達成の陰の貢献者だと思っています。

試合中に修正できる松坂の凄さ

昨年メジャーリーグで18勝（3敗）、2年間で33勝（15敗）の成績を残している松坂は、誰もが認める世界のエースです。宮崎合宿から大会にかけて、彼の周りにダルビッシュ、涌井、田中といった若手投手が集まる光景を何度も見かけました。

松坂は同級生の杉内とよくキャッチボールをしていました。そこに若手が集まり、カーブの投げ方を質問したり、変化球の握り方を聞いたり。それに対して、松坂もいろいろと後輩たちに教えていたようです。自然と投手陣のリーダー的存在になった松坂ですが、自主トレーニングの頃から、イチローと合同練習をするなど、今回のＷＢＣにかける意気込みは人一倍強かったと思います。

松坂のピッチングを見て、「さすがに一流は違う」と感じたのは、東京ラウンドで韓国にコールド勝ちしたゲームでした。この試合で松坂は初回、韓国の主砲・金泰均《キムテギュン》に特大のホームランを打たれるなど、立ち上がりから不安定でした。私は試合前にブルペンで投げているときから、今日の調子はよくないと思っていました。ゲーム開始後、ブルペンにあるモニターで彼の投球をチェックしたときも、下半身のバランスの悪さを感じました。

なぜ調子がよくないと思ったかというと、ステップ幅が狭かったからです。

私は宮崎合宿で、調子がいいときの全投手のステップ幅を測り、それを好不調の一つのバロメーターにしていました。松坂の好調時のステップ幅は、私の足のサイズで測ると約6足。韓国戦の試合前にブルペンで投げ込んでいるときは6足に少し足りず、ステップ幅が十分ではなかったのです。

松坂は2回から立ち直りましたが、規定の球数に近づいたこともあり、4回で交代します。マウンドを降りた松坂は、すぐにブルペンにやってきてフォームを確かめながら投球を始めました。

私は「今日のブルペンと試合で気づいたことがあるから、参考までに聞いてほしい」と彼のステップ幅の話をしました。すると松坂は笑いながら「わかっていました」と言うのです。

「自分のステップ幅が狭いことはゲーム中に気がつきました。僕の足幅で6足半くらいなんですけど、うまく足が使えてなかったんです。それでステップ幅を少し広くしたらバランスがよくなってきました」

私が指摘するまでもなく、松坂はステップ幅のことを自覚していたのです。それを試合中に修正するのですから、やはり超一流のプレーヤーです。

松坂は今大会でMVPに輝き、世界一連覇の立役者になりました。試合での投球も素晴らしいものがありましたが、松坂のブルペンへの気配りはありがたいことでした。

自分の登板が終わるとブルペンに顔を出して、軽い投げ込みをして投球フォームの確認や修正をします。そのときに、その日のマウンドの状態や審判のストライクゾーン、ボールゾーンの傾向などを投手たちにアドバイスしてくれました。

また、登板のない日はゲーム後半に、ベンチからブルペンへ激励に来る場面が何度もありました。

「ブルペンが少し気になったものですから、のぞきにきました」

こうした松坂の行為にブルペンは勇気づけられたものです。

松坂に後押しされる形でリリーフ陣はマウンドへ上がり、数々のピンチを切り抜けるシーンもあったのです。

引き出しの多いダルビッシュ

第1、第2ラウンドは先発の柱、準決勝以降はリリーフに回ったダルビッシュ。なかなか手に馴染まないWBC使用球に苦労した面もありました。

そのために、彼の持ち球である緩いカーブ、切れ味鋭いフォークボールを半ば封印した形になりました。ストレートとスライダーを主体にピッチングを組み立てることになったのです。

ダルビッシュの投手としての素晴らしさは、ボールのスピードやコントロールのよさに加え、どんなピンチになっても、「何とか自分のピッチングで抑える」という引き出しの多さではないでしょうか。

たとえば、ケースに応じて投球フォームを工夫する。セットポジションのときにグラブの位置を微妙に変える。同じ球種でも状況によって握りを変えて、打者が予測できない変化をさせる。こうした細かい対応が試合中にできてしまう強みがあります。おそらく、これは甲子園で活躍していた頃から実践してきたのでしょう。彼の持つ引き出しの多さ、大きさが一つの武器になっていると思います。

引き出しの1番目がだめでも2番目がある。それで対処できなければ3番目と、あの若さで、これだけいろいろな微調整ができる投手はそうはいません。ですから、カーブやフォークボールを封印しても、あれだけの好投ができたのでしょう。

また、そういうスケールの大きさを見越して、あえて山田コーチはダルビッシュを準決勝からリリーフに起用したのではないでしょうか。

ダルビッシュはリリーフと聞いて、「本当に自分でいいのですか」と戸惑いを感じたようです。今までにやったことがないポジションですから、不安はあると思います。まして、あとのない準決勝、決勝です。

おそらくダルビッシュは最初にリリーフの話を聞いたとき、自分がクローザー役ではなく、最後は藤川が登板するものと思っていたようでした。それが一転、ストッパーとしてマウンドに上がることになるわけですから、藤川への気兼ねを感じて、すぐに心の整理がつかなかったのは無理もありません。

「連覇を目指すにはダルビッシュのリリーフが必要」という原監督や山田コーチの要望に気持ちを入れ直した彼は、いろいろな葛藤を抱えながら見事に胴上げ投手となったのです。これは彼の適応力の高さであり、気持ちの強さの表れだと思いました。決して楽ではなかった2試合のストッパー経験が、彼を一回りも二回りも成長させたような気がします。

日米のブルペンの違い

東京ドームのブルペンは内野スタンドの下にあり、グラウンドとは完全に独立した空間に設けられています。ブルペンには試合を映し出すモニターが設置され、選手もブルペンコーチもゲーム状況を冷静に把握することができます。

セ・リーグの投手はもちろん、パ・リーグの投手も交流戦を通じて、東京ドームのブルペンに慣れ親しんでいましたから、この点は安心できました。しかし、ブルペンコーチの私は、何しろすべてが初もの尽くし。試合経過を見ながら、ベンチのリクエストに応えられるようにブルペンで投手を用意しなければなりません。

ゲーム前にベンチと相談して、試合展開によって幾通りかの継投を考えておきますが、どのような場面になっても対応するのがブルペンの仕事です。この得点差なら継投はこうなると考えながら、イニングと試合の流れを読んで代打に出そうな選手は誰か、左バッターが続くから左投手を用意しようとか、いろいろな想定をします。それと並行して、リリーフ投手を準備させるわけです。

東京ドームのブルペンは、こうした作業に集中できるスペースにあったからよかったのですが、第2ラウンドのサンディエゴ・ペトコパークには参りました。

ブルペンがグラウンド内にあるのはわかりますが、日本が三塁側ベンチにもかかわらず、ライトファールゾーンに設けてありました。それも一塁側内野スタンドが張り出しているため、ブルペンが狭く、少し投げにくい印象を持ちました。ブルペンのマウンドも硬く、明らかに日本の球場とは違います。幸いだったのは、思ったより空気が乾燥していないことでした。練習試合を行ったアリゾナより湿度が高かったようで、ボールが滑ることもなく、気候の面では恵まれたと思いました。

試合になれば、このゾーンには打球が飛んでくる確率が高く、ピッチング練習も気をつけて行わなければなりませんでした。万が一、投手に打球が直撃したら一大事です。両チームの攻撃中、私は投手たちの楯になる位置に立ち、ブルペンを見守ったことを思い出します。

登板前はあまり投手に声をかけない

ゲームに登板する前のピッチャーは、大なり小なりナーバスになります。特にWBCのような国際大会になれば、ペナントレースの登板時とは精神状態も違ってくるはずです。相当プレッシャーがかかっている投手に、ブルペンコーチとしてどのように接するかは、選手個々の性格や登板する場面によって変わってくると思います。

短期間のコーチングで、投手個々の性格を完全に把握することは正直難しいことでした。それでも宮崎合宿で投手陣と顔を合わせてから、私なりに選手の練習を観察し、その投手のルーティンやフィーリングを大切にしようと考えました。

先発投手の松坂、ダルビッシュは自分の世界に入りやすい選手でした。試合前は、自分なりに考える時間を持ち、調子が悪かったら自分で何とかしようとするタイプです。そうした状態に入っているとき、彼らには極力、声をかけないようにしました。集中力を高めているときに、その妨げになるような行為はしないほうがよいタイプです。せいぜい試合まであと何分といった時間を知らせるくらいにとどめました。

今回リリーフ役だった涌井はマイペースで調整するタイプ。おっとりとした温和な表情を見せていたかと思うと、すごく険しい表情になったり、オンとオフがはっきりしている選手です。練習のときはわりとのんびりしているのですが、ゲームになると顔つきが引き締まり、黙々とブルペンで調整していました。どちらかと言うと試合前に声をかけないほうが集中できるピッチャーです。

中継ぎとして活躍した山口は、口を開けば「緊張しています」の言葉が出るように、最後までプレッシャーを感じていたようです。そうした投手をことさら緊張させるようなことは言えません。

ブルペンからリリーフに送り出すときも、「自信を持って行って来い」とか、激励の言葉をかけるくらいで、あまり細かいアドバイスはしませんでした。私もリリーフの経験があるのでよくわかるのですが、マウンドに上がる直前にいろいろな話をされても、リリーフ投手は緊張感などもあってほとんど耳に入らないものです。

そうした言葉より、私はブルペンの雰囲気づくりが重要だと思いました。

代表メンバーに選ばれるような投手たちは、卓越した投球術を身につけています。技術面に関してアドバイスすることはありません。実績のある投手に対して、あれこれと注文をつけるより、彼らのコンディションを整え、いま持っている力を引き出すことが、私の役割だと思ったのです。

もちろん、私一人の力では限度があります。山田コーチやブルペン捕手、サムライジャパンの投手陣の協力なくしてはできないことでした。

ブルペンのアイドルはマー君？

サムライジャパンの人気者。マー君の愛称で誰からも好かれる田中は、いじられキャラとしてブルペンの雰囲気を明るくしてくれました。特にダルビッシュと涌井が同じパ・リーグ、高校時代に甲子園で活躍した投手ということもあって弟分のように接していました。

今年の開幕からの活躍を見ていますと、マー君と呼ぶことにためらいを覚えるほどの素晴らしい成績を挙げています。今回のＷＢＣに出場した選手のなかで、一番成長したのが田中ではないかと言われるのもうなずけます。

宮崎合宿では、並み居る先輩に圧倒されたのでしょう。最初は遠慮ばかりして、キャッチボール相手を探すのにもひと苦労。私がその相手をすることもよくありました。

彼とキャッチボールをして感じたのは、とてもていねいにボールを投げることでした。

まだ20歳なのに、これほど真剣に一球一球ボールの感触を確かめながら投げる田中に驚きました。

合宿当初は先輩たちがブルペン入りしても、気後れしたのでしょうか、田中はブルペンになかなか入ることができず、見かねた山田コーチがブルペン入りさせる一幕もありました。しかし、もともと明るい性格ですから、ダルビッシュや涌井たちが気にかけるようになり、すぐにチームに打ち解けるようになりました。

そうなると、彼の探究心が発揮されます。先輩投手にいじられながらも、何かを吸収しよう、体得しようという姿勢には、一流選手に必要な貪欲さを感じました。先輩たちから何を言われても、笑ってさらりと受け流すあたりの性格は、肝が据わっていて頼もしいかぎりでした。

優勝後の記者会見では、ダルビッシュに言わされたのでしょう。

「代表選手として背番号18を背負いたい」と照れながら発言し、松坂が苦笑する場面もありましたが、将来的に日本のエースとして、18番を受け継ぐ可能性のある投手であることは間違いないと思います。

ブルペンを支えてくれた小山良男

サムライジャパンのブルペンを語る上で、忘れてはならない男がいます。

今回、最後までブルペンキャッチャーの重責を果たしてくれた小山良男（中日）です。高校野球ファンの方はご存じかもしれませんが、横浜高時代に松坂とバッテリーを組み、甲子園で活躍した選手です。亜細亜大学、ＪＲ東日本と進み、２００４年ドラフト８位で中日ドラゴンズに入団。即戦力の捕手として期待されましたが、２００８年のオフに現役引退後、ブルペン捕手に転向。ＷＢＣではサムライジャパンの一員として、多くの投手のボールを受けてもらいました。

小山は投手陣からの信頼も絶大でした。威勢のいい声を上げたり、投手を過剰に激励したりするわけではありません。性格的には朴訥とした感じなのですが、とにかく一生懸命にボールをキャッチするわけです。どうにかして、ミットでいい音を出そう。ボールのコースをストライクに見せるキャッチングをする。もともとキャッチングの技術に関しては定評があり、投手に安心感を与える、気分をよくしてくれる捕手だと思いました。

私はブルペンの間近で見ていましたから、小山が今回の連覇にどれだけ貢献したか、手に取るようにわかっていました。記者会見の席で、私が小山の名前を真っ先に挙げたのは、投手陣が苦しいときに幾度となく、彼のキャッチングに助けられたからでした。

ブルペン捕手というのは、日陰の存在です。練習、試合前にいったい何球のボールを受けるのでしょうか。こうした縁の下の力持ち的な存在が、プロ野球を支えているのです。シャンパンファイトのときに、投手陣から「良男コール」が沸き起こり、胴上げされました。それに値する小山の活躍を、みんなが感謝してたたえたということでしょう。

小山と並んでブルペンで球を受けた、阿部と石原も投手陣をよく支えてくれました。マスクをかぶる機会が少なかった二人には、ブルペンで存分に力を発揮してもらいました。試合の前半は阿部がブルペンに入り、中盤から後半は代打の可能性のある阿部に代わって石原がブルペンを守りました。もちろん、彼らにはスタメンでマスクをかぶりたい気持ちはあったと思います。しかしチームのために、試合展開によってはブルペンに専念してもらう場面もありました。

また、裏方の用具係だったスタッフは、硬式野球の経験があるということで、バッティングピッチャーやグラウンドの球拾いを買って出てくれました。

サムライジャパンの投手陣は、こうした陰の力に支えられて好調を維持することができたのです。

第4章 いかにプレッシャーと付き合うか

初登板の初球はサインの見間違い

私にとってＷＢＣは、合宿の初日から韓国との決勝まで、ある一定の緊張感を持ちながら、楽しむことのできた大会でした。プレッシャーはほとんど感じませんでした。

考えていたのはいつも選手のことです。サムライジャパンの選手たちには優勝するのにふさわしい高い能力が備わっていたし、一人ひとりが勝つためにひたむきな努力をしていました。その姿をずっと見ていて、私はこう思ったのです。

「この選手たちが負けて、肩を落として日本に帰るようなことになってはいけない。そんな光景をつくることは絶対に避けなくてはいけない」

それは何が何でも勝たなくてはいけないと考えるのとは、ちょっと違います。勝つために必要以上に選手の精神状態を追い込まなくても、彼らの能力をきっちり引き出すことさえできれば勝てるはずだと信じていたのです。

しかし、これは私がコーチという立場だから言えることで、グラウンドで戦っていた選手には相当な重圧があったと思います。ＷＢＣのような大きな国際大会でなく、ふだんのペナントレースであっても、選手は緊張感や重圧と常に隣り合わせです。

私も現役時代はずいぶん緊張しました。登板は1点差、2点差の緊迫した場面でのリリーフがほとんどでしたから、緊張するなというのが無理です。

プロ入り初登板ではサインの見間違いもしました。開幕戦の延長11回、ノーアウト、ランナー一、三塁の場面でした。私はプロで投げる第一球目はストレートと決めていました。ストレートは私の最大の武器であり、バッテリーを組んだキャッチャーの中村武志も初球はストレートを要求するものと思いこんでいました。

ところが、サインはフォークボール。

「えっ、ウソだろ」

ここで私も考えました。打者は田代富雄さん（現横浜監督代行）。代打とはいえ、かつてはホームラン王を争い、4番も打った強打者です。武志は初球のストレートは危険だと判断したのだろうと思い、サインに肯きました。しかし、投げたボールはワンバウンドしそうな低めのボール。武志は身を挺して暴投を防ぎました。しかも、明らかにフォークを予測したキャッチングではありません。

武志は審判に言って、泥の付いたボールを新しいボールにかえてもらうと、マウンドに駆け寄ってきました。

「与田さん。大丈夫ですか。真っ直ぐのサインだったんですけど」

「そうか。申し訳ない。俺の見間違いだ」

このときのサインは単純でした。グー、チョキ、パーの三つのサインのうち、あらかじめ何番目に出すサインが本当に要求しているサインなのかを決めておくのです。仮に、グーがストレート、チョキがフォーク、パーがスライダーとします。3番目に出すサインを要求する球種と決めた場合、チョキ、パー、グーの順で出せば、キャッチャーが要求しているボールはストレートです。このときの私はこんな簡単なサインを見誤ってしまうほどの精神状態にあったということです。

でも、暴投にならなかったのは幸運でした。田代さんをピッチャーゴロに打ち取り、さらに後続の打者から連続三振を奪い、ピンチを切り抜けました。

無茶な要求だから開き直れる

私が新人だった頃、星野監督は私の心理状態を知ってか知らずか、ずいぶん無茶な要求をすることがありました。

「いいか、与田。ここは絶対にバットに当てさせちゃいかんぞ」

「抑えろよ」とか「とにかくホームは踏ませるな」と言うくらいなら、わかります。しかし、「バットに当てさせるな」と言われたときはさすがに面食らいました。

相手もプロである以上、少々のスピードボールでも、キレのいい変化球でも、バットに当てるくらいのことはできます。しかも、星野監督がそういう無茶を口にするときというのは、たいていノーアウト満塁とか、1アウト二、三塁というような絶体絶命のピンチの場面です。一瞬、頭にきて、

「何考えているんだ。そんなことできるわけないだろ。できるなら、自分でやってみればいいじゃないか」

と思いました。しかし、これくらい現実的でないことを言われると、案外、気分は楽になり、開き直れるものです。私は考え直しました。

「そうか、バットに当てさせなければいいんだな。コースや球種なんて、この際関係ない。とにかく空振りか、見逃しで三振を奪えばいいわけだ」

逆に「徹底してアウトコースを攻めろ」とか、「インコースで起こして、外角のスライダーを引っかけさせてダブルプレーが理想だ」とか言われたほうが困ったでしょう。投げるボールの範囲が狭まり、ピッチングは窮屈になってしまいます。私のようにコントロール

に自信のないピッチャーはなおのことです。一見無茶なようで、星野監督のアドバイスは私のようなタイプには合っていたのです。この年、私が最優秀救援投手のタイトルを獲得できたのは案外、星野監督の無茶なアドバイスがあったからかもしれません。

自分が望んだ世界なのだから

ストッパーを務めるピッチャーは強心臓の持ち主であるように思われがちですが、むしろ逆です。話を聞いてみると、ストッパーをやっているピッチャーは私にかぎらず人一倍怖がりなタイプが多いようです。9回ノーアウト満塁のようなピンチで、「よし、俺にまかせろ」と思って、喜び勇んでブルペンからマウンドに行くピッチャーはまずいないでしょう。そんな場面ではどんなストッパーも投げたくないはずです。

監督が前のピッチャーを引っ張り、ピンチが広がったようなときは特にそうでした。

「イニングの頭から投げさせてくれたらなあ。どうして早く交代してくれないんだろう」

「頼むから、ランナーを片づけてから俺につないでくれ」

心のなかで愚痴をこぼしたことは何度もありました。ブルペンでは自分の登板がいつあるかわからないだけに、余計に不安は募ります。

しかし、行くと決まったら行くしかない。監督が審判に「与田」とコールし、場内アナウンスで「ピッチャー、与田」と流れたら、逃げるわけにはいかないのです。球場に大歓声が沸き起こり、マウンドには監督、キャッチャー、内野手が集まっています。そこには「与田、頼むぞ」という雰囲気が出来上がっています。そして、前のピッチャーから「お願いします」とでも言われたら、素直に「そうか、俺しかいないのか」と思えばいいのです。勘違いでも何でもいいから、気持ちを切り替えるわけです。

もし、監督に交代を告げられて、「怖いから嫌です」と言うようなら、そのときはプロ野球選手を辞めるしかありません。考えてみてください。こうした大観衆に注目される世界で投げたくて、私たちはプロ野球選手になったのですから。

つまり、自分がそのような場所にいることをありがたいことだと考えればいいのです。誰もがプロ野球チームのストッパーをまかされるわけではありません。まずプロ野球選手になるのがたいへんです。数え切れない数の選手がプロを目指しています。そして、思い通りプロに入っても、そこには激しい競争が待っています。その競争に勝ち残って、一軍での先発、中継ぎ、抑えという役割が決まるわけです。

自分がアマチュアで野球をやっていた頃を考えれば、ものすごい数の人間のなかから選ばれてプロのマウンドに立っていることになります。しかも、それは自分の力だけで実現したのではありません。いろんな人に助けられ、チャンスを与えられ、今、このマウンドに立っているのです。そのことに感謝すべきでしょう。

もちろん、マウンドで相手チームの打者を前に、いつもそんな喜びに浸っているわけではありません。打者を打ち取ることだけで必死です。試合を離れて初めて、いろんなことを考えるのです。

責任の重さ。挑戦する意欲。成功したときの充実感。失敗したときの落胆。毎日、いろんな感情が渦巻いていましたが、最後に私の支えになったのは今与えられている環境に感謝する気持ちでした。

選ばれたがゆえに味わう緊張感は、何もプロ野球の世界にかぎらないはずです。たとえば会社で大きなプロジェクトがあり、自ら望んで参加したとします。そこで自分のアイデアが採用され、大勢の人の前でプレゼンテーションをすることになったら、誰でも緊張するでしょう。しかし、一番の適任者はアイデアを出した自分です。自ら望んでその場所にたどり着いたのですから、今の状況に感謝すべきです。そのような気持ちがあれば、プレゼンはきっとうまくいくと思います。

責任感と恐怖感

ストッパーに必要な資質の一つは責任感です。チームがリードしている展開での登板がほとんどですから、そこに至るまでにはさまざまな選手の力が積み重なっています。先発投手や中継ぎ投手、逆転のホームランを打ったバッター、ファインプレーでピンチを救った野手……。こうした味方の頑張りを、最後の最後の、たった一球ですべて壊してしまいかねないのがストッパーです。勝負はやってみないとわからないと言いますが、「打たれたところで、俺には関係ない」という無責任な気持ちでは務まりません。

私はプロ初登板こそ無失点に抑えることができましたが、翌日の試合ではタイムリーヒットを打たれました。プロの洗礼です。

初セーブを挙げたのは3試合目でした。目から熱いものがこみ上げてきて、涙顔で野手とハイタッチを繰り返し、ベンチ前で星野監督と握手をしました。スタンドのファンの声援に手を振りながら、「試合に勝つというのはたいへんなことだけど、こんな気持ちのいいものなんだ」とあらためて思いました。

最初は無我夢中でした。しかし、試合を重ねるにつれて、一球の重さ、一球の怖さもわかってきます。その怖さを知ることもピッチャーには必要ですが、責任感と恐怖感ばかりが頭のなかを占めると、思い切った勝負はできなくなります。

「ここでコントロールミスをして、逆転打を食らったらどうしよう」

そんなネガティブな発想が、好結果を生むはずはありません。

結局、投手は投手としての原点に戻るしかないと私は考えています。投手の原点とはバッター一人ひとりに向かい合い、アウトを一つひとつ取っていくということ。最終回ともなれば相手打者も必死ですから、それは容易なことではありません。一人でもランナーが出れば、相手チームもいろんな手を打ってきます。ピッチャーも目の前のバッターだけでなく、次のバッター、さらに次のバッターの存在が気になりだします。しかし、状況を複雑に考えるより、アウトを一つ取るというシンプルな発想でいたほうが集中力は高まります。結果も伴います。少なくとも私はそうでした。

しばしば「プレッシャーを楽しめ」と言われますが、これを実践できる人はなかなかいません。私はプレッシャーを克服する手段があるとすれば、それは準備を怠らないことだと考えています。たとえばストッパーであれば、試合前の練習だけでなく、ブルペンで肩をつくることも大切です。キャッチボール一つも無駄にしないという意識が必要だし、栄養管理も含めた日常生活の節制もしなければなりません。やれることをすべてやって初めて、自信を持ってマウンドに立てるのです。準備がどんなにたいへんでも、自分が望んで入った世界だったら、それを苦痛に感じることはないはずです。

同じ状況は二度とやってこない

ストッパーとして相手チームを抑え、気持ちよくセーブを挙げたこともあれば、ダメージの残りかねない手痛い負けを喫したこともあります。よく言われるように、ピッチャーは抑えたことより打たれたこと、勝った試合より負けた試合を憶えています。それでも、プロ野球のペナントレースは私の頃なら130試合、今なら144試合ありますから、一度失敗したら、それで終わりというわけではありません。次に取り返すチャンスがやってきます。そう考えて気持ちを切り替えることも大切です。

私は、負けたとき、失敗したときはその事実を努めて素直に受け止めるようにしていました。それも、その日のうちに自分で試合を振り返り、課題を見つける作業をしました。配球すべてを憶えていますから、自分が登板した時間を頭のなかでリプレイし、そのときの精神状態から相手打者の表情に至るまで、すべて振り返るようにしたのです。ストレートを投げるかフォークを投げるか、なぜ迷ったのか。キャッチャーのサインになぜ首を振ったのか……。考えられることはすべて考え、悪かった面を全部自分のなかで消化しました。モヤモヤした状態を残しておくのが嫌だったからです。

このとき、ビデオは見ません。ノートにメモをつけることもしませんでした。すべて頭のなかで考え、次はこうしようという材料が見つかった時点で、作業は終わり。そこで一旦、スパッと忘れるのです。

なぜ忘れるかと言えば、次にまったく同じシチュエーションがやってくることは絶対にあり得ないからです。同じ1アウト一、三塁という状況であっても、迎える打者も違います。仮に同じ打者だとしても、その打者のバッティングの調子や肉体的コンディションが前回とまったく同じということはあり得ません。私自身の調子も違います。細かいことを言うと、球場の気温や湿度も、風向きもすべてが違います。

過去のデータは参考になるけれど、それに縛られる必要もありません。常に私は失敗を引きずるより、また新たな挑戦が始まるのだという認識でいました。失敗したことで落ち込んだこともありません。

フィギュアスケートの浅田真央選手がそうです。今年の世界選手権で4位になった彼女は約3週間後の国別対抗戦を自己最高得点で優勝しました。私がキャスターを務めるNHK『サンデースポーツ』で取材すると、彼女は「いつまでも過去の失敗を考えてもしかたないですから」と明るく答えていました。あの若さで短期間に気持ちの切り替えをし、失敗を克服できるのだから、凄いなと感心しました。

同じ状況が二度とやってこないという点では人生も同じではないでしょうか。人生山あり谷ありと言います。しかし、自分が歩く先に、以前経験したのと同じ山があることも、同じ谷があることもありません。グルッと回って同じ場所に戻ってくることはないのです。タイムマシンに乗って過去に戻り、同じ山を登ることもできません。それがどんなにいい思い出の山であっても、もう二度と同じ登山は経験できないということです。

そうであるなら、山を前にしても、谷を前にしても、新しい気持ち、新たな挑戦をする覚悟で前を進んで行くしかありません。楽しさや苦しさの程度は前回とはきっと違います。自分自身も以前とはきっと変わっています。新しい自分を発見しながら前に進めば、苦しさも楽しさに変わるかもしれません。

投げなくても、守護神は球児

現役時代の私はストレートの速さと威力にこだわりました。今、プロ野球界でストレートにこだわるストッパーと言えば、阪神タイガースの藤川球児です。実績は私など到底及びません。日本球界を代表するストッパーです。

球児とはWBCを一緒に戦いました。球児が決勝ラウンドのアメリカ戦、韓国戦でまったく使われず、ストッパーに指名されたのが本来先発のダルビッシュだったことに対して、日本では批判もあったようですが、原監督も山田投手コーチも選手起用は調子を最優先するという方針でした。

レギュラーシーズンとは異なる起用をされたのは球児やダルビッシュだけではありません。本来、先発であるピッチャーの多くが中継ぎに回りました。内海哲也や小松聖のように登板機会が1回しかなかったピッチャーもいます。彼らもエースのプライドがありますから、もっと投げたかったはずです。

つまり、WBCのようなトッププレーヤーが集結した大会では、納得のいかない使われ方をされる選手がどうしても出てきます。球児の起用法がクローズアップされたのはそれだけ彼が抜群の実績と人気を持っているからでしょう。

大会9試合のうち、球児は4試合を投げて失点、自責点ともにゼロ。しかし、レギュラーシーズンの好調時を基準に考えると、第1ラウンドから決して調子がいいと言える状態ではありませんでした。

右足の内転筋を痛めていたため、調子が上がらなかったという事情もあると思います。阪神のキャンプを視察した段階から、彼本来の力が出せるかどうかは、私の不安要素の一つでした。ＷＢＣ使用球や、アメリカのマウンドの硬さに対する順応も必ずしもうまくいっていたわけではありません。直球のスピードも今ひとつの状態が続きました。

しかし、これだけは言っておきたいのですが、球児がブルペンにいてくれたこと、つまり球児の存在感が救援投手全員の安心感になったのは間違いありません。ＷＢＣのように大きな重圧がかかる試合ほど、彼のように修羅場をくぐってきた男が投手陣の心の拠り所になるのです。球児は投げなくてもサムライジャパンの守護神でした。

ダルビッシュにブルペンでの肩のつくり方やストッパーの心構えをアドバイスもしてくれました。ダルビッシュ自身も「球児さんに代わって、この場所にいるんだ」と、自分に与えられた役割の重さを感じていたと思います。

ブルペン担当のコーチである私は救援投手の状態を最善のものにするのが仕事であり、

投手起用を決める立場にはありません。しかし、準決勝のアメリカ戦も、決勝の韓国戦も球児にはどこかで投げさせたいとずっと思っていました。ですから、いつどこで呼ばれてもいいように「球児、つくっておいてくれ」と何度も指示を出しました。

しかも、ベンチからブルペンの様子は見えます。球児の投球練習がわかるわけです。つまり、私は「球児もちゃんと待機していますから」という無言のメッセージを発信しているつもりだったのです。

ストッパーを外されたことについて、球児にも葛藤があったと思います。準決勝のアメリカ戦が終わったあと、彼の表情に納得していないものを感じた私は声をかけました。

「なぜストッパーを外されたか、それについては、俺は話す立場にはない。ただ、俺もストッパーだったから、おまえの気持ちは誰よりもわかるつもりだ。この大会で、おまえがブルペンにいることでみんなずいぶん助けられた。きっと、もう一度、おまえの力が必要なときがくる。最後まで一緒に戦おう」

「わかりました」

決勝戦の韓国戦で9回2アウトになったときは、ブルペンの全員が飛び出す準備をしていました。しかし、私はニコニコムードに水を差すように諭しました。

「まだ、試合は終わってないぞ。もし同点になったら、試合は13回まで行く可能性があるんだ」

同時に、球児に肩をつくってスタンバイするように声をかけました。

「はい」

毅然とした声で返事をしてくれた球児の表情が一段と引き締まって見えました。経験豊富な彼だからこそ、27個目のアウトを取ることがいかに難しいかを知っているのです。

帰国後、彼が「もうＷＢＣには出ないでしょう」と語った新聞記事を見たときは心苦しく思いました。彼のプライドを考え、もっと私がしっかりフォローすべきだったのかもしれません。

第5章 サムライジャパン激戦記

WBC東京ラウンド突破に向けて

宮崎合宿、練習試合、強化試合を経て、サムライジャパンはWBC第1ラウンド（東京ドーム）に臨むことになります。ここで2位以内に入らなければ、第2ラウンド（サンディエゴ・ペトコパーク）には進出できませんし、日本の世界一連覇もありません。

第1ラウンドA組では宿敵・韓国との対戦ばかりに注目が集まっていました。北京オリンピックのリベンジという報道もありましたが、実際は対韓国戦ということより、私たちは東京ラウンドを勝ち抜くことを第一に考えていました。もちろん韓国チームに勝利することが大前提になることは誰もがわかっています。しかし、首脳陣も選手もそれをことさら意識することはありませんでした。とにかく初戦に絶対勝利することに集中し、個々のモチベーションを高めていきました。

初戦の相手は中国です。中国戦の勝利は確実のように言われていましたが、着実に力をつけている中国チームをあなどることはできません。各種スポーツを観戦して、中国選手の身体能力の高さにはいつも驚かされるものです。まして世界一の人口を誇る大国。とんでもない逸材が国内のどこに潜んでいるかわかりません。中国が本気になって野球という競技に取り組めば、日本の脅威になるのではないかと思っています。

第1ラウンドD組では、格下のオランダチームが優勝候補のドミニカ共和国を相手に初戦で3対2、敗者復活戦でも2対1と勝利し、ドミニカの第1ラウンド敗退という誰も予想できない大番狂わせが起こりました。

「勝負の世界に絶対という言葉はない」を物語る衝撃的な出来事でした。野球の試合は実際に対戦してみないとわかりません。特に、長いペナントレースとは違うトーナメント方式の一発勝負では、弱小とされるチームが強豪チームを破るケースは十分にあり得るわけです。

日本より実力的に劣るとされる中国チームでも油断大敵です。また、WBC初戦という独特の雰囲気も加わり、選手のプレッシャーもあるでしょう。対戦チームのことより、まず自分たちの野球をしっかりやることが大きなポイントでした。

私はブルペン担当コーチとして、宮崎合宿から大会期間中の投手陣の調子や肩の出来具合、ブルペンでの球数チェック、そして試合後のビデオを見ながら、その日の投球で気になった点などをメモするようにしていました。

ここでは、そのメモを参考にして、WBC初戦から決勝戦まで、サムライジャパンの激闘を振り返ってみたいと思います。

WBCの重圧を感じた中国戦

2009年3月5日／東京ドーム
中国　0＝000000000
日本　4＝00300100×
【中国】●李晨浩（1敗）、陳俊毅、孫国強、劉凱
【日本】○ダルビッシュ（1勝）、涌井、山口、田中、馬原、藤川
［本塁打］村田1号（日本）

WBC東京ラウンドの初戦となった中国戦は、野球ファンの方から見たら消化不良の試合だったかもしれません。4対0の完勝でしたが、もっと大量点を奪って、日本がコールド勝ちすると思っていたのではないでしょうか。

この試合の先発投手は、原監督が日本のエースとして送り出したダルビッシュ有（日本ハム）。代表合宿開始の段階で、東京ラウンド初戦はダルビッシュ、2戦が松坂大輔（レッドソックス）、3戦が岩隈久志（楽天）と決めて、本人たちに通達していました。その登

板日から逆算して、3人は練習試合や強化試合で調整してきたわけです。初戦を日本のエースで確実に勝利し、チームにいい流れをつくり、松坂、岩隈につないでいこうという目論みでした。

試合前にブルペンで投球練習するダルビッシュの表情は心持ち硬く、やはり国際試合の緊張感が漂っていました。ダルビッシュは4イニングを投げて、被安打0、1四球、3奪三振の内容で、中国打線を無得点に抑えました。ストレートの走り、変化球のキレもまずまずでしたが、ボールがスッポ抜けるシーンも何度かあり、決して好調時の状態ではありませんでした。それでもストレートとスライダーのコンビネーションによる粘り強い投球で、試合の流れをつくったところはさすがに日本のエースです。

試合は3回に中島裕之（西武）の四球と盗塁、青木宣親（ヤクルト）のセンター前ヒットと敵失、村田修一（横浜）のホームランで3点を先制。6回に1点を追加した日本は、投手6人による完封リレーで初戦を白星で飾りました。

リリーフの涌井秀章（西武）、山口鉄也（巨人）、田中将大（楽天）、セットアッパーの馬原孝浩（ソフトバンク）、クローザーの藤川球児（阪神）と、ベンチが思い描く通りの継投ができました。試合展開にもよりましたが、初戦ではなるべく多くのリリーフ投手を、できれば5点差以上開いた楽な場面でマウンドに送りたいと考えていましたから、ほぼ理想に近いスタイルでの登板でした。

リリーフ投手5人はそれぞれ1安打ずつ許しました。マウンドに上がって最初に対戦した打者にヒットを打たれるケースが多く、やはり彼らにも初登板の重圧があったのだと思います。ランナーを許しても、彼らは落ち着いていました。すぐに気持ちを切り替え、自分本来のピッチングで後続をしっかりと打ち取り、チームを勝利に導きました。

中国相手に4対0は不満の残る試合かもしれません。しかし、選手も首脳陣も「これが国際試合だ」と身をもって感じました。

打線は5安打と低調だったイメージがありますが、8四球を選び、中国チームの4投手に計159球を投げさせています。各チームでクリーンアップを打っている選手や現役メジャーリーガーがチームのために、じっくりとボールを見極め、何とか出塁しようという彼らの前向きな姿勢が試合に出ていた証です。

初戦の勝利に「よし、やったあ」という浮かれた雰囲気はまったくありませんでした。むしろ、選手自身の身が引き締まり、いい意味での緊張感が生まれたと思います。コールド勝ちなどの大差で試合が決まるより、思わぬ苦戦となったことが選手のモチベーションを高める要因の一つになったような気がします。

中国チームはあなどれないと思いながらも、心のどこかで1勝を計算していたのです。

それが、やはり心の油断や隙になり、4対0というスコアに出たのだと思います。

サムライジャパンは苦しみながらも初陣に勝利し、まずまずのスタートが切れたと思いました。

宿敵・韓国に想定外のコールド勝ち

2009年3月7日／東京ドーム
日本　14＝3501221
韓国　2＝2000000　（7回コールド）
【日本】○松坂（1勝）、渡辺俊、杉内、岩田
【韓国】●金廣鉉《キムグァンヒョン》（1敗）、鄭現旭《チョンヒョンウク》、張洹三《チャンウォンサム》、李在雨《イジェウ》
［本塁打］金《キム》泰《テ》均《ギュン》1号（韓国）、村田2号（日本）、城島1号（日本）

東京ラウンドの難敵は韓国チームです。両チームが決勝まで進めば、最大5回の日韓対

決があると言われていました。

ＷＢＣ連覇の前に大きく立ちふさがる韓国。北京オリンピックの完敗もあり、マスコミは盛んに「北京のリベンジ」と書き立てました。特にオリンピックで抑え込まれた韓国の若き左腕・金廣鉉《キムグァンヒョン》の攻略が鍵とされていました。

韓国の先発陣では、柳賢振《リュヒョンジン》、奉重根《ボンジュングン》のサウスポーも要注意でしたが、やはり北京の好投が強烈だったのでしょう。大会前から日本戦の先発は金廣鉉《キムグァンヒョン》と予想されていました。

私も北京オリンピックの解説者として、彼の投球を目の当たりにしていましたから、手強い相手であることは十分わかっていました。しかし、北京は半年前の出来事です。彼の状態が北京のように絶好調であるとはかぎりません。韓国の練習試合を偵察したスコアラーの報告によると、金廣鉉《キムグァンヒョン》の調子は北京オリンピック時の状態になく、得意のスライダーの曲がりもあまりよくないということでした。

実際に私も韓国と西武の練習試合を観戦しましたが、このときも腕の振りが今ひとつで、北京で日本チームが苦しんだスライダーを西武のバッターが余裕を持って見逃す場面が目につきました。ただ、調子が悪いと言っても簡単に打てる投手ではありません。韓国のエースですから必ず本番に照準を合わせて、しっかり調整してくるものと思っていました。

金廣鉉《キムグァンヒョン》の調子が上がっていないことは選手にも伝わっていました。それでも北京で抑えられた嫌なイメージがあります。選手たちはロッカールームで金廣鉉《キムグァンヒョン》の投球ビデオを繰り返しチェックし、攻略法を徹底的に研究したわけです。その成果が1、2回の大量得点という形で表れたのだと思います。

この試合は日本が世界のエース・松坂、韓国は予想通り金廣鉉《キムグァンヒョン》の先発。日本は初回から韓国のエースに襲いかかりました。中国戦でノーヒットだったイチロー（マリナーズ）がライト前に快打を飛ばすと、続く中島と青木の連続ヒットで先制。二死後、対左腕用に起用した内川聖一（横浜）が三塁線を破る2点二塁打で3点を先取しました。

その裏、松坂が韓国の主砲・金泰均《キムテギュン》に特大の2ランを打たれて1点差。日本のベンチに一瞬嫌なムードが漂います。それを払拭したのが2回表の攻撃です。日本は城島健司（マリナーズ）のヒット、岩村明憲（レイズ）の四球、イチローのバントヒットで満塁とし、中島の押し出し四球などで2点を追加。さらに4番に座った村田の3ランで、天敵とされた金廣鉉《キムグァンヒョン》をKOしました。

立ち上がり不安定だった松坂も2回から立ち直り、カットボールを有効に使って、2回以降は韓国打線を1安打に抑える好投。5回から1イニングずつをリリーフした渡辺俊介（ロッテ）、杉内俊哉（ソフトバンク）、岩田稔（阪神）も韓国打線を無安打に封じました。日本の打線は4回以降、毎回得点を重ねて14対2で7回コールド勝ち。この点差は想定外でしたが、この勝利で第2ラウンドへの進出が決定しました。

私たちは第1ラウンド突破を第一の目標にしていましたから、喜び半分、安堵感半分といった気持ちでした。それにしても、韓国相手にコールド勝ちとは誰が予想できたことでしょう。初戦の中国戦に苦戦し、韓国戦に楽勝。これが逆のスコアであったら、想定内のことかもしれません。「国際大会は何が起こるかわからない」を実感する試合でした。

第1ラウンド順位決定戦は韓国に惜敗

2009年3月9日／東京ドーム
韓国　1＝000100000
日本　0＝000000000
【韓国】○奉重根《ボンジュングン》（1勝）、鄭現旭《チョンヒョンウク》、柳賢振《リュヒョンジン》、S林昌勇《イムチャンヨン》（1S）
【日本】●岩隈（1敗）、杉内、馬原、ダルビッシュ、山口、藤川敗者復活戦で中国を14対0の7回コールドで下し、第2ラウンド進出を決めた韓国と二度目の対決。この試合の勝者はA組1位となりB組2位と、敗者はA組2位でB組1位と第2ラウンドで対戦します。この時点の予想は、B組1位はキューバ、2位はオーストラリアかメキシコでした。A組1位、2位のどちらが有利かはまったく考えていませんでした。とにかく東京ラウンド1位決定戦の韓国戦に負けるわけにはいかない、その強い気持ちを持ってブルペンに入りました。

前回、屈辱的なコールド負けを喫している韓国は、これまで以上に闘志を燃やして立ち向かってくるはずです。実際、韓国選手の気迫は素晴らしいものがありました。A組1位決定戦は日韓のプライドをかけた白熱した投手戦になりました。

日本の先発投手は昨シーズン、パ・リーグの投手三冠（最多勝利・最優秀防御率・最高勝率）に輝いた岩隈。韓国は先発左腕トリオの1人、元メジャーリーガーの奉重根《ボンジュングン》。3月6日の台湾戦に2番手で3イニングを投げ、中2日のマウンドになります。

試合は岩隈が3回まで韓国打線をパーフェクトに抑える完璧な投球。一方の奉重根《ボンジュングン》もストレート、チェンジアップ、カーブのコンビネーションで3回を1安打と好投。日本打者は190㎝の長身から繰り出すストレートにタイミングがなかなか合いません。

試合が動いたのは4回。岩隈は先頭打者に四球を与えると、続く2番バッターにセンター前に運ばれて無死一、二塁のピンチ。3番の金賢洙《キムヒョンス》を三振に仕留めますが、4番の金泰均《キムテギュン》に三塁線を抜かれて1点を先行されます。しかし、レフトの青木が打球を素早く処理し、三塁ベースカバーに入った中島へ送球。一塁走者をサードでアウトにする好プレーが出ます。5番の李大浩《イデホ》に四球を出し二死一、二塁となりましたが、離塁の大きかった二塁走者の金泰均《キムテギュン》を城島が刺してピンチを脱出。その裏に中島のヒット、ボークなどで一死三塁の同点機も、奉重根《ボンジュングン》の力投の前にチャンスを生かすことができませんでした。

結局、岩隈は球数制限もあって、5回3分の1イニングを2安打3四球1失点。先発の役割をしっかりと果たしてくれました。それ以降も杉内、馬原、ダルビッシュ、山口、藤川のリリーフ陣が無失点の好投を見せましたが、打線は奉重根《ボンジュングン》、鄭現旭《チョンヒョンウク》、柳賢振《リュヒョンジン》、林昌勇《イムチャンヨン》の継投に零封。1対0で韓国が勝利し、日本の第1ラウンドは2位通過となったのです。

この敗戦に日本チームが大きなショックを受けた感じはありませんでした。この試合はピリピリとした緊張感と重苦しい雰囲気のなか、1対0のスコアに代表されるように、どちらが勝っても僅差のゲームになる、それが日韓戦であるという思いを強くしました。野手陣は奉重根《ボンジュングン》に手も足も出ないような状況でしたから、試合後はけっこうナーバスになっていたようです。第2ラウンド以降の韓国戦では、再び彼が登板する可能性が高いと思いました。金廣鉉《キムグァンヒョン》の攻略には成功しましたが、新たな苦手をつくってしまったことが少し気がかりでした。

しかし、9日の東京ドームの試合終了後、すぐにアメリカへ移動するというハードなスケジュールが幸いしたのかもしれません。この日の敗戦をことさら引きずることもなく、すぐに気持ちを入れ替えて、私たちサムライジャパンは第2ラウンドの地、アメリカ西海岸へ旅立ちました。

160キロ左腕チャップマンを攻略したキューバ戦

2009年3月15日／サンディエゴ・ペトコパーク
日　本　6＝003110001
キューバ　0＝000000000
【日　本】○松坂（2勝）、岩隈、馬原、藤川
【キューバ】●チャップマン（1敗）、N・ゴンザレス、ヒメネス、Y・ゴンザレス、マヤ、ウラシア、ガルシア

舞台をサンディエゴに移しての第2ラウンド。A組2位の日本はB組1位のキューバと対戦します。キューバと言えば、私がアマチュア時代に全日本の代表として戦ったことを思い出します。リナレス、キンデラン、パチェコなどのスター選手を揃えたナショナルチームは、当時アマチュア球界ナンバー1の実力を誇っていました。

初めてキューバの選手を見たときは、その体格のよさに圧倒されました。とにかく体が大きいのです。

金属バットを使用していたこともありますが、その巨体から放たれる打球の速さ、飛距離は桁外れ。そのパワフルなバッティングに日本は何度も苦しめられました。大柄でも守備の動きは俊敏でした。軽快に内野ゴロをさばき、矢のような送球をする。走ればカモシカのようなスピード。彼らの身体能力の高さには驚いたものです。

前述したように、当時のキューバチームは、ポジション別のグラブを持てるほど裕福ではなかったのです。選手によっては、国際大会で相手チームの選手が使い古したグラブをもらって、それを大事に使っていたという話も聞いたことがあります。

道具が不足していても、ある道具で何とかしてしまうという彼らのたくましさ。マイナスをプラスに転じる精神力の強さがキューバ野球の神髄でした。

もう一つの脅威は彼らのリーチの長さです。アジアの選手では手の届かないきわどい外角球でも、彼らは楽に届いてしまうので、その感覚の違いを投手は頭にインプットしておかなければなりません。キューバ戦で外角球を投げるときは、これまで以上に細心の注意が必要ということを投手陣に徹底させました。

対キューバ戦は、最速164キロ左腕のチャップマンをどのように攻略するか。それが第一のポイントでした。この試合では身長190cmの長いリーチから投げ下ろすストレートは球速161キロを計測。スライダーも150キロとボールの威力はあるものの、制球にバラツキがありました。四球で出たランナーが連続で牽制死する場面もありましたが、日本の打者はしっかりとボールを見極め、序盤から21歳の若きエースを精神的に追い込んでいきました。

3回表、城島、岩村の連打、風邪による体調不良でゲームを欠場した中島の代わりに2番ショートでスタメン出場の片岡易之（西武）がレフト前ヒットで続き、一死満塁としてチャップマンをKO。2番手ゴンザレスのワイルドピッチで1点を先制し、青木のヒットと村田の犠牲フライで2点。その後、小刻みに加点して試合は日本ペースで進みます。

先発の松坂は、内外角にストレート、シュート、スライダーを投げ分け、6回を5安打無死球8奪三振。松坂本来の投球で、キューバ打線を無失点に抑えました。当初はアリゾナ・スコッツデールでのジャイアンツとの練習試合（3月11日）に登板し、中3日でキューバ戦に先発する予定だったのですが、時差の計算違いでWBCの大会規定に抵触。翌日のカブス戦の登板は、所属球団から中2日の許可が下りませんでした。松坂は練習試合に登板できず、中7日で本番に臨むことになったのです。そういったことをものともせず、ほぼ完璧な投球をした松坂は、この日の最大の功労者でしょう。

リリーフに送った岩隈、馬原、藤川も1イニングずつを無得点に封じ、6対0の完勝。先発投手の岩隈をリリーフに使ったのは予定通り。ペトコパークのマウンドを経験させることと、登板間隔の調整という意味でも1イニングは投げさせたかったわけです。5対0と点差がありましたから、岩隈のリリーフはあくまでも次戦の登板を視野に入れた起用でした。

決勝ラウンド進出をかけた三度目の日韓対決

2009年3月17日／サンディエゴ・ペトコパーク
日本　1＝000010000
韓国　4＝30000001×
【日本】●ダルビッシュ（1勝1敗）、山口、渡辺俊、涌井、岩田、田中
【韓国】○奉重根《ボンジュングン》（2勝）、尹錫珉《ユンソクミン》、金廣鉉《キムグァンヒョン》、S林昌勇《イムチャンヨン》（2S）

強敵・キューバに快勝した日本は、メキシコを8対2で破った宿敵・韓国と三度目の対決をすることになりました。この試合で韓国を撃破すれば、日本の決勝ラウンド進出が決まる大事な試合です。

韓国の先発は東京ラウンドで抑えられたサウスポーの奉重根《ボンジュングン》。日本の先発・ダルビッシュは初回から力んで、コントロールが定まらないところを韓国打線につけ込まれた感じでした。きわどいコースをボールと判定される。つまった打球がいいコースに飛んでヒットになる。また、味方のエラーがらみによる失点もあり、少し不運な面もありました。ダル

ビッシュはストレートの走りもよく、調子自体は悪くなかったと思います。2回以降を完璧に抑えただけに、初回の3失点は本当に悔やまれるところです。

奉重根《ボンジュングン》は東京ラウンドの日本戦以来、中7日の登板でした。前回の登板よりボール球が目立ちましたが、ストレートの伸びがあり、打者はスピードガンの球速より速く感じたようです。日本は5回に1点を返して、ゲームは終盤を迎えます。

7回を終わって韓国が3対1とリード。5イニングを投げたダルビッシュのあとは、山口、渡辺、涌井の継投で、韓国の反撃を許していませんでした。日本が追いつける可能性はまだあります。終盤になってブルペンはだんだん慌ただしくなってきました。それは、三つのことを想定して投手起用を考える必要があったからです。

まず、日本チームが同点に追いついた場合です。当然、延長戦、さらにタイブレークまで視野に入れた起用を考えます。何人かの投手を使って勝てればいいのですが、敗れた場合は「負けたら終わり」の大一番が翌日に控えています。その試合の投手起用にもかかわってくるのです。明日の試合は絶対に勝たなくてはいけないゲームですから、悔いの残らない投手起用をしなくてはなりません。

さらに、この日の韓国戦に敗れ、翌日のキューバ戦に勝利した場合は、決勝ラウンドに進む順位決定戦があります。そこで誰を先発させるのか、その後のリリーフはどうするのか。現在戦っている試合を含めて、3ゲームの投手起用を想定していたのです。

しかし、8回裏に二死満塁のピンチから押し出し四球で韓国に1点が入り、4対1になった時点で考え方を改めました。

「この試合を落としても、明日がある。これ以上、ピッチャーを使わなくてすむ」

私は勝利をあきらめたわけではありませんでしたが、このゲームに負けても明日のキューバ戦に勝利すれば、決勝ラウンドに進出できます。ブルペン担当コーチの立場からすると、たとえ負けるにしても、投手をたくさんつぎ込んでの敗戦が一番こたえるのです。翌日の試合を考えると、無理な連投は避けたいところでした。ふだん連投経験のない先発投手がリリーフに回っていましたから、なおさらのことです。

この試合でリリーフ陣に無理をさせ、次のキューバ戦で登板できなくなったら、2試合とも落とす危険性もありました。韓国戦の敗北をネガティブにとらえず、リリーフ陣の負担が少なくすんだとポジティブに考えるようにしました。

明日なき戦いのキューバ戦に快勝して準決勝進出

2009年3月18日／サンディエゴ・ペトコパーク

日　本　5＝000210100

キューバ　0＝000000000

【日　本】○岩隈（1勝1敗）、S杉内（1S）

【キューバ】●マヤ（1敗）、Y・ゴンザレス、ヒメネス、N・ゴンザレス、ガルシア、ベタンコート

前回、6対0と完勝したキューバとの再戦です。勝てば決勝ラウンド進出、負ければWBCの敗退が決まります。日本チームにはもうあとがありません。もっとも渡米した時点で、対戦相手はキューバ、そして韓国、メキシコと、どういう組み合わせになっても激戦は必至です。東京ラウンド以上の緊張感が続くことは十分に認識していました。

この大事な試合の先発を託したのが、今大会でもっとも安定感のある投球を見せていた岩隈でした。

「お前は日本一のピッチャーだ。自信を持って思い切り投げてこい」

私は岩隈に一声かけて、ブルペンから送り出しました。昨年の沢村賞投手ですから、細かいアドバイスは必要ありません。

この日のペトコパークは港町特有の霧が発生し、グラウンドの見通しが悪く、ナイトゲームではフライが上がったら注意が必要という状態でした。そうした気象条件を十分にふまえた岩隈は、ボールをていねいに低めへ集め、6イニング18アウトのうち、内野ゴロ15と抜群の制球力でキューバ打線を封じました。毎回のように走者を背負いながら得点を許さなかったのは、ゴロを打たせて取る頭脳的なピッチングがあったからです。

岩隈は6回を69球と球数的にはまだ余裕がありましたが、少しボールが高めに浮き出したこと、ヒジの状態を考慮して無理させたくないこともあり、この回で交代となりました。

2番手の杉内は3回を0安打4奪三振とパーフェクトリリーフ。何の注文もない完璧な投球でした。得点差、杉内の調子と球数が少ない状況から、ロングリリーフとなったのです。今大会前に話題になった第2先発という役目を果たしてくれました。杉内の好投により、藤川、馬原、涌井といったリリーフ投手にも余裕が生まれたことが大きかったと思います。

ゲームは試合前から立ちこめていた霧が日本の味方となりました。4回二死二、三塁から、小笠原道大（巨人）の大飛球を中堅手が落球して2点を先制。落下地点まで追いついていましたから、やはり霧で一瞬ボールを見失ったのでしょう。キューバにとっては不運としか言いようのないプレーでした。打線は5、7、9回と1点ずつを奪い、5対0で逃げ切り、決勝ラウンド進出を決めました。

岩隈、杉内の好投があり、ブルペンはさぞかし楽だったのではないかと思う方がいるかもしれません。ところが、実情はそうではなかったのです。

このキューバ戦まで今大会で登板のなかった内海哲也（巨人）と小松聖（オリックス）の二人を試合前のブルペンに呼び、私は山田コーチと相談して決めたことを切り出しました。

「君たちには、今日のブルペンでとても難しい準備をしてもらう」

二人を前に、これからの起用法を伝えました。

「今日のゲームが勝てるようであれば、明日の順位決定戦の先発を内海、2番手は小松でいく。そのつもりで準備してくれ。もし、今日の試合がリードされる展開、勝てそうにない流れのときは君たちを使う。だから、このゲームでも投げる準備もしてほしい。酷な注文だがよろしく頼む」

二人に承諾してもらい、彼らを4回からブルペンに入れて準備を始めました。キューバ戦の試合展開から、両投手の登板はありませんでしたが、翌日の先発と2番手投手という大役を担うことになりました。決勝ラウンド進出を決めたゲームの舞台裏では、こうした投手陣のやりくり、難しい準備があったのです。

意義ある1位通過を決めた韓国戦の勝利

2009年3月19日／サンディエゴ・ペトコパーク

日本　6＝020000031

韓国　2＝100000100

【日本】内海、小松、田中、山口、○涌井（1勝）、馬原、藤川

【韓国】張洹三《チャンウォンサム》、李承浩《イスンホ》、李在雨《イジェウ》、●呉昇桓《オスンファン》（1敗）、金廣鉉《キムグァンヒョン》、林泰勲《イムテフン》

［本塁打］内川1号（日本）、李杌浩《イボムホ》3号（韓国）

決勝ラウンドに進む順位決定戦の相手は韓国。今大会四度目の対戦です。この試合の勝

者が1位、敗者が2位通過。その順位によって、準決勝の相手はアメリカかベネズエラになります。どちらのチームと対戦するほうが有利かなどと言われていましたが、相手に関係なく、ここは1位通過を勝ち取りたいと思いました。

もちろん、第2ラウンドで韓国に負けていますから、その雪辱を果たしたい気持ちはありました。それに加えて、日程の問題が重要だったからです。

試合後、バスでサンディエゴからロサンゼルスへ移動しますが、2位になると準決勝の試合は中1日の21日、1位は中2日の22日になります。中1日の場合はドジャースタジアムを見て、さらに練習もあるため休養日がないわけです。これではコンディションを調整する上で、選手はきついだろうと思いました。中2日あれば、1日を休養にあてることができますから、選手のコンディションを整えやすいと考えたわけです。22日の準決勝に勝てば、23日の決勝は連戦になりますが、休養なしで準決勝を戦うよりは、選手の負担が少ないと判断しました。選手のコンディションをできるだけベストの状態にもっていくには、どうしても中2日ほしかったのです。そのためにも1位で通過する必要がありました。

この試合は、WBC初登板になる先発の内海、2番手の小松が中盤までゲームをつくりました。これまで登板機会に恵まれず、精神的につらい面もあったと思いますが、気持ちを切らすことなく、よく我慢してくれたと思います。前日の難しい準備をこなし、この日の登板に向けての調整もしっかりとやってくれました。

特に2回3分の2イニングを無安打、5三振を奪った小松の力投は光りました。昨年15勝を挙げ新人王を獲得した実力が認められて、WBCメンバーに選ばれた意地を見せた投球だと感じました。

「おれだって、抑えられるんだ」

そんな気迫がマウンドから伝わってくるような見事なピッチングでした。二人の登板の機会を考えていた山田久志投手コーチも、この試合での活躍をたたえていました。

日本は同点にされた直後の8回、無死一、三塁の場面で代打で登場した小笠原が、リリーフの金廣鉉《キムグァンヒョン》から右前打を放つなど、3点を勝ち越し。9回にもダメ押しの1点を入れ、日本の1位通過を決定づけました。

日本の打線は韓国投手陣から内川の本塁打など15安打。打線の奮起は決勝ラウンドに向けて明るい材料になりましたが、好事魔多しです。この試合で2安打を放ち、調子を上げてきた主砲・村田ですが、その日は寒く、1本目のヒットを打ったときに少し走り方が変だったのです。その彼が2本目のヒットを打ったときに、右太もも裏肉離れで途中交代。その後の故障離脱、帰国は残念でなりません。準決勝、決勝を前に右の長距離砲が欠けることは大きなマイナスですが、選手たちは「村田のためにも」と、より強い絆が生まれました。

原監督は村田の代役として、リザーブメンバーの栗原健太（広島）を緊急招集。サムライジャパンは新たな仲間を加え、世界一連覇を目指し、決勝ラウンドの開催地・ドジャースタジアムに乗り込みます。

ブルペンの難しさを実感した準決勝アメリカ戦

2009年3月22日／ロサンゼルス・ドジャースタジアム
アメリカ　4＝101000020
日　本　9＝01050003×
【アメリカ】●オズワルト（1勝1敗）、グラボー、ハウエル、ソーントン、ハンラハン、シールズ
【日　本】○松坂（3勝）、杉内、田中、馬原、ダルビッシュ
［本塁打］ロバーツ1号（アメリカ）

ドジャースタジアムは、日本人メジャーリーガーのパイオニア的存在となった野茂英雄が最初に所属した、ロサンゼルス・ドジャースの本拠地です。メジャーリーガーに憧れていた私は、グラウンドに一歩足を踏み入れた瞬間、アマチュア時代に全日本チームで一緒にプレーした野茂の活躍を思い出しました。

「このマウンドで何度も野茂が快刀乱麻のピッチングを見せてくれたんだ」

感慨深さが胸をよぎりましたが、すぐに準決勝の大一番に気持ちを切り替え、投手全員でマウンドの状態を確認しました。

アメリカ戦と言うと、前回大会の「世紀の誤審」がクローズアップされ、因縁の再戦と言われましたが、チーム内にはそれに対する気負いなどはまったくありませんでした。

この日のスタジアムは冷え込みが強く、体を温めるのに時間がかかるので、ブルペンの調整はいつも以上に念入りに行う必要があると感じました。この気候が試合の終盤、ブルペンに思わぬ影響を与えることになりました。

アメリカの先発は右腕オズワルト。140キロ台後半のストレートを主体にカーブ、チェンジアップと緩急をつけた投球で、昨シーズン17勝を挙げたヒューストン・アストロズのエースです。打線は松坂と相性のいい1番ロバーツ（オリオールズ）、日本でもファンの多いジーター（ヤンキース）、好打者のロリンズ（フィリーズ）、ニューヨークの人気者ライト（メッツ）、5年連続40本塁打以上のダン（ナショナルズ）、デビュー以来2年連続30本塁打以上のブラウン（ブリュワーズ）と息の抜けないバッターが続きます。監督は王さんとクリーンアップを組んだこともある元巨人のデーブ・ジョンソンです。

試合は先発の松坂が先頭打者のロバーツにいきなり本塁打を浴びる波乱の幕開けとなりました。日本は2回裏、四球で出た稲葉篤紀（日本ハム）と小笠原との間でヒットエンドランが決まり、無死一、三塁から城島の犠牲フライで同点に追いつきます。しかし、3回表二死から3番ロリンズのヒットと盗塁、4番ライトの二塁打で1点を勝ち越されるなど、松坂は序盤から苦しいピッチング。ストレートに威力はありましたが、慎重に投球するあまりボールが先行するケースが多く、予想以上の球数を投げる結果となりました。

4回表を初めて三者凡退に打ち取った松坂の投球に応え、その裏にサムライたちは見事な攻撃を見せます。稲葉と小笠原の連打で無死一、二塁から福留孝介（カブス）の強烈なセカンドゴロが相手のエラーを誘って同点。城島の犠牲フライで勝ち越すと、岩村の三塁打、初スタメンの川﨑宗則（ソフトバンク）のヒット、中島の二塁打と5長短打を集中して5点を奪って6対2と逆転。オズワルトをKOしました。

松坂は4回3分の2イニング、5安打3四球4奪三振2失点、球数98球で降板。本調子とはいきませんでしたが、要所をしっかりと締める粘り強い投球でよく踏ん張ったと思います。

この試合は、調子のいい投手をどんどん継ぎ込む予定でしたから、早いイニングでの継投は想定内のことでした。3回からブルペンで涌井や山口といったリリーフ投手の準備を始め、決勝ラウンドからリリーフに回ることになったダルビッシュも早い段階でブルペン入りさせました。

松坂のあとを受けて、5回表二死一、二塁で登板した杉内は、スラッガーの5番ダンから三振を奪ってピンチを脱出すると、6回も危なげない投球でアメリカ打線を無得点に抑えます。

6対2から試合が動いたのは8回表でした。

この回からマウンドに上がった馬原が一死後、二塁打と四球で一、二塁。8番デローサ（インディアンス）の三塁線の二塁打で2点を返され、なおも三塁とピンチ。もう1点も取られたくない場面で、ベンチの山田コーチからダルビッシュのリリーフ要請があったのです。

ところが、ダルビッシュの準備は万全ではありませんでした。

ブルペンを預かる私は焦りました。試合開始から気温がぐんぐん下がり、試合の終盤になると、選手の体が温まるまでに予想以上の時間がかかる状態だったのです。ダルビッシュは7回からキャッチボールでウォーミングアップ。8回から投球練習を始めていたのですが、このピンチにマウンドに送るには準備不足でした。救援専門の投手だったらOKだったかもしれませんが、先発からリリーフに回ったダルビッシュです。急いで準備させても間に合いませんでした。4点差を考え、8回は馬原にまかせ、9回からダルビッシュという継投を想定したことも、準備の遅れにつながったと思います。こうした緊急登板もあるのだと、ブルペンの難しさを実感したシーンです。

これまでの試合では、ほぼ完璧な状態でリリーフ陣を登板させることができただけに、大切な場面でベンチの要望に応えることのできなかったことは、ブルペン担当コーチである私のミスでした。

このときは、とにかく馬原が後続を打ち取ることだけを念じました。そのベンチとブルペンの願いが通じたのでしょう。代打のロンゴリア（レイズ）を三振、先頭打者ホームランを打っているロバーツをピッチャーゴロと、馬原は気迫のこもった投球で追加点を許しませんでした。ここはゲームの大きな分岐点だったと思います。

苦しい場面での馬原の力投が、その裏の日本の反撃を呼び込みます。

福留の四球を足がかりに二死三塁とすると、川崎のショートゴロを名手ジーターが一塁へ悪送球して1点。川﨑が盗塁を決めたあと、イチローのライト前タイムリー、中島の二塁打で2点を追加し、9対4と大きくリードしました。

8回裏の3点は試合を決定づけるものでしたが、この攻撃の時間、ブルペンでダルビッシュの準備を十分にできたことも大きかったと思います。5点差の9回、ダルビッシュは先頭のジーターをショートゴロ、ロリンズに4安打目を許しますが、4番ライト、5番ダンを連続三振。見事なリリーフで、日本の決勝進出に貢献してくれました。

翌日は世界一連覇をかけて、韓国と五度目の対決です。ここまで2勝2敗の五分。アメリカとベネズエラを撃破したアジアの2チームが雌雄を決することは、WBCにとって大変意義深いことだと思いました。レベルの高いアジア野球を世界のベースボールファンにアピールする絶好のチャンスです。私はサムライジャパンの一員として、ファイナルの舞台に立てる感謝の気持ちで感無量になりました。

日韓のプライドがぶつかり合った決勝は延長戦へ

2009年3月23日／ロサンゼルス・ドジャースタジアム
日本　5＝0010001102
韓国　3＝0000100110
【日本】岩隈、杉内、○ダルビッシュ（2勝1敗）
【韓国】奉重根《ボンジュングン》、鄭現旭《チョンヒョンウク》、柳賢振《リュヒョンジン》、●林昌勇《イムチャンヨン》（1敗2S）
［本塁打］秋信守《チュシンス》2号（韓国）

第2回WBCの最終決戦は、終盤の韓国の粘りで延長10回の大激戦になりました。韓国の先発は過去二度、日本打線を抑えている奉重根《ボンジュングン》。さすがに三度続けて負けるわけにはいきません。日本は先発の奉重根《ボンジュングン》を4打数3安打と打ち込んでいる城島を4番に据えて、6番内川、7番指名打者に栗原、9番に片岡と対左腕用の右打者をスタメンで起用しました。日本は先頭バッターのイチローが、高めのストレートをセンター前に弾き返して、幸先のよいスタートを切ります。この試合の奉重根《ボンジュングン》は、初回からカーブとスライダーを交え、ストレートとチェンジアップ主体の投球から目先を変えてきました。しかし、サムライジャパンを苦しめたストレートの走りは今ひとつで、高めに浮くボールが目立ち、東京とサンディエゴで対戦したときの調子にはないと感じました。

3回表に中島のショート内野安打、敵失で作った一死一、三塁に、小笠原のライト前ヒットで日本が待望の先取点。5回表には四球で出塁した中島と青木の間でヒットエンドランが成功し、無死一、三塁の絶好のチャンス。ここまで94球を投げた奉重根《ボンジュングン》が降板し、鄭《チョン》現旭《ヒョンウク》がリリーフ登板。この追加点の好機に後続が連続三振に盗塁死ゲッツーでチャンスを逃します。

韓国はその裏、4回まで1安打に抑えられていた岩隈から、先頭の秋信守《チュシンス》がセンターオーバーの本塁打を放ち同点。押せ押せムードの韓国は一死後、7番の高永民《コヨンミン》がレフトライン方向へ痛烈なライナー。レフト後方のブルペンから見ると、打球にラインドライブがかかり「ツーベース」と誰もが思った瞬間、レフト内川のスーパープレーが出ました。

打球の落下点へ一直線に入った内川は、スライディングしながらショートバウンドキャッチ。そのままノーステップスローで二塁へ。これが見事なストライク送球で打者走者をベース上で刺し、好投の岩隈を救いました。この内川の好守は、ビデオで何度も再生されましたが、韓国の反撃ムードを絶ち、日本ベンチを勇気づけるビッグプレーとして評価されました。

日本は7回表、2番手の鄭現旭《チョンヒョンウク》から片岡がレフト前ヒットで出塁し盗塁に成功。イチローの三塁前バントヒットで無死一、三塁とすると、中島のレフト前ヒットで1点を勝ち越し。8回表には一死から好守を見せた内川がライト前ヒット。ここで左打者の稲葉に対して、韓国はサウスポーの柳賢振《リュヒョンジン》をリリーフに指名。稲葉は日本ベンチの期待に応える一塁線を破るツーベースで二、三塁とチャンスを広げ、岩村の犠牲フライで1点を追加。3対1と日本がリードしますが、試合は終盤にもつれる展開になります。

8回裏、先頭の李机浩《イボムホ》がライトフェンス直撃の二塁打。高永民《コヨンミン》のショートゴロで一死三塁から代打の李大浩《イデホ》がセンターへ大飛球を打ち上げ、これが犠牲フライになって1点差。7回頃から少しボールが高めに浮くようになった岩隈は、次の打者に四球を与え、球数が97球になったところで交代。リリーフの杉内が韓国の反撃を許しませんでした。

岩隈は7回3分の2イニング、4安打2四球6奪三振2失点の好投。決勝戦という重圧のかかるなか、冷静な投球で8回途中まで投げ切った岩隈の精神力の強さには感服するばかりでした。ストレート、スライダー、フォークボールのコントロールもよく、粘り強いピッチングで序盤に先取点を許さず、よくゲームを組み立ててくれました。

ベンチでは岩隈のあとは、調子のいいピッチャーをつぎ込んでいこうと、杉内、涌井、田中と用意していました。8回2アウトの場面では、藤川とダルビッシュもスタンバイ。岩隈が8回まで引っ張ってくれたことは大きかったと思います。

9回表から韓国は抑えの切札、林昌勇《イムチャンヨン》がマウンドへ。先頭のイチローがライトオーバーの二塁打で出塁しますが、林昌勇《イムチャンヨン》の力投と相手の好守の前に追加点を奪えず、3対2のまま9回裏の攻撃を迎えます。

個人的には、この回の頭からダルビッシュを送りたい気持ちもありましたが、韓国は左打者2人が続きますから、そこまでは杉内で行こうと一度マウンドに送ります。それを見た韓国ベンチは、右打者を代打に送り、日本はダルビッシュにスイッチ。ここは両軍ベンチのかけひき、読み合いの場面でした。

先頭バッターを三振に取ったダルビッシュは、韓国のクリーンアップと対戦します。3番の金賢洙《キムヒョンス》にストレートの四球。4番の金泰均《キムテギュン》にも四球とサヨナラのランナーが出ます。韓国はピンチランナーを使って勝負をかけてきました。一死一、二塁で迎えるバッターは本塁打を放っている5番の秋信守《チュシンス》。日本は絶体絶命のピンチに立たされます。ここでダルビッシュは、相手を2ストライクと追い込み、最後は外角のスライダーで三振に打ち取り2アウト。世界一まであと一人となりましたが、延長戦も想定し、ブルペンの藤川にはいつでもリリーフできる準備をさせておきました。

しかし、韓国も粘ります。6番の李机浩《イボムホ》は甘く入ったスライダーをとらえると、打球は三遊間を抜いてレフト前へ。日本は土壇場で同点に追いつかれてしまいます。なおも二死一、二塁とサヨナラの場面。ここでダルビッシュは渾身の力で、7番の高永民《コヨンミン》を三振に切って取り、試合は延長戦に入ります。

私は長い間、野球という競技に関わってきましたが、改めて「これが野球の難しさ、怖さだ」とブルペンで実感しました。試合は振り出しに戻りました。私は藤川、涌井、田中のリリーフ陣に気持ちをリセットして待機するように指示を出し、10回の攻撃に期待しました。

サムライジャパンの総力で勝ち取った世界一連覇

延長10回表の攻撃は、この試合2安打の内川が3本目のヒットで出塁すると、稲葉の犠打、岩村のヒットで一死一、三塁。二死後、イチローの打席で岩村が二塁へ走塁し、二、三塁。このチャンスにイチローは、2ストライク1ボールと追い込まれますが、きわどいボールを4球連続ファールしたあとの8球目をセンター前にクリーンヒット。日本は5対3とリードします。

二、三塁となった時点でイチローは敬遠されると思いましたが、満塁のプレッシャーから押し出し四球の危険もあります。これはマスコミ報道であとから知ったことですが、韓国ベンチの指示はきわどいコースをついて、歩かせてもいいというものでした。確かに、林昌勇《イムチャンヨン》はイチローに対して力のあるボールできわどいコースに投げてきました。ヒットを打たれた一球以外は完璧な投球だったと思います。それを見逃さずに打ったイチローのほうが、役者が一枚上だったということでしょう。

日本が勝ち越しに成功する場面を、私はブルペンから固唾を飲んで見守っていました。イチローがヒットを打った瞬間、今大会で初めてのガッツポーズが出ました。ブルペンもこれまでは比較的冷静でしたが、このときは最高潮の盛り上がり。しかし、野球はまだまだ何が起こるかわかりません。私はベンチに「藤川はいつでも行けます」とブルペンの状態を伝えました。

実は10回に入った直後、ベンチで応援していた松坂がブルペンに顔を見せました。大会規定で決勝戦に登板できない松坂は、同点に追いつかれたブルペンの様子が気になったのでしょう。投球練習をしている藤川や涌井といったリリーフ陣を激励に来たのです。東京でもサンディエゴでも、松坂やダルビッシュは自分の登板が終わったあと、ブルペンに応援に来たことがありました。こうした彼らの気配りは本当にうれしく、リリーフ投手の大きな自信にもなり、ベンチとブルペンの一体感がより強まりました。

そうしたブルペンのムードが、マウンドのダルビッシュに伝わったのでしょう。韓国最後のバッターから三振を奪い、日本の世界一連覇が達成されたのです。

優勝の瞬間、ブルペンから声援を送る松坂、待機していた投手たちはレフトの外野グラウンドに飛び出して行きました。

「僕も行ってもいいんですか？」

ブルペン捕手の（小山）良男が興奮気味に尋ねてきました。

「もちろんだ。行くぞ！」

私は良男の腕を引っ張って、歓喜の輪を目指して走りました。しかし、みんなの足が速く、とても追いつけません。おそらく私が最後にマウンド付近に到着したのではないでしょうか。私はうれしくて、誰彼となく抱き合い、世界一の感激に浸りました。

金メダルの授与式では、大役を果たせた安堵感と世界一の感動を味わうと同時に、私をこの素晴らしい舞台に立たせてくださった多くの人々に、そして、原監督とコーチ陣、サムライジャパン29選手、裏方の人たち、スタッフ関係者に心から感謝したい気持ちでした。

この金メダルの重さは、生涯忘れられない思い出になるでしょう。

宿敵・韓国との実力は紙一重

第2回WBCは日本の連覇で幕を閉じました。大会では組み合わせのアヤもあり、韓国と5回対戦しました。3勝2敗と日本が勝ち越した形になりましたが、コールド試合は別にして、試合内容はほぼ互角だったと思います。

私は大会が始まる前から最強チームは韓国と考えていました。金廣鉉《キムグァンヒョン》、柳賢振《リュヒョンジン》、奉重根《ボンジュングン》の先発左腕3本柱、鄭現旭《チョンヒョンウク》、林昌勇《イムチャンヨン》のリリーフ陣は強力です。金廣鉉《キムグァンヒョン》は21歳、柳賢振《リュヒョンジン》は22歳と伸びしろがあり、その成長度も気になるところでした。

打線の主軸は、昨年の韓国リーグ首位打者・金賢洙《キムヒョンス》と本塁打王・金泰均《キムテギュン》、現役メジャーリーガーの秋信守《チュシンス》、北京オリンピックで和田毅（ソフトバンク）から同点ホームランを打った李大浩《イデホ》、長打力のある李机浩《イボムホ》。いずれのバッターも一発の魅力を秘めたパワーヒッターです。それも左右の打者がバランスよく揃っています。機動力のある選手を1、2番と下位に置いた韓国打線は、北京よりさらに凄みが増したような気がしていました。

韓国の誤算は、投手陣では金廣鉉《キムグァンヒョン》の不調でしょう。彼が本来の調子であったら、日本はもっと苦戦したはずです。

日本の投手陣は韓国戦5試合を4安打2失点、4安打1失点、4安打4失点、6安打2失点、5安打3失点と、強力打線をよく抑えました。日本の投手の制球力が韓国パワーを上回ったわけですが、秋信守《チュシンス》の左ヒジの状態が万全ではなかったこと、李大浩《イデホ》が大会中に体調を崩しスタメンから外れたことなどが日本には幸いしました。

日本も中島が風邪で試合を欠場、村田が肉離れで戦線離脱、帰国後に岩田の故障が判明するなど、いくつかのアクシデントがありました。それを他の選手がカバーし、サムライジャパンのチーム力で連覇を成し遂げました。

韓国とは今後、国際試合で何度も戦うことになると思います。パワーあふれる韓国の野球に、日本はかなり苦しめられるのではないでしょうか。韓国はすでに日本の野球に追いついていると思います。実力は紙一重です。長打力と機動力を併せ持つ韓国野球から、学ぶべき点も多いと感じました。

4年後のWBCでも、韓国代表チームが最大の好敵手になることでしょう。

第6章 サムライジャパンの勝因とWBCの課題

原監督の人間力

サムライジャパンを率いた原辰徳監督の魅力は、何と言ってもその人柄にあります。いつも明るく、おおらかで、誰にでも気さくに接する原監督には、人をやさしく包み込む力があるように思いました。

宮崎合宿から原監督が常に口にしていたことは、「何事も前向きにいこう」「物事はポジティブに考えよう」「それを態度や言葉で表していこう」でした。どんな不利な状況になってもネガティブな考えを持たないことをコーチ陣、選手に徹底させたのです。あとは選手の技量を信用して、個々にまかすというスタンスでした。

ですから、監督が自ら表舞台に出て行くようなそぶりはまったくありませんでした。

原監督と言えば、私たちの年代では誰もが認めるスーパースター。現役時代の成績、また巨人軍監督としての実績も素晴らしい、日本を代表する野球人です。そうした数々の功績を考えますと、自分の色を出しても不思議ではありません。

ところが、「代表メンバーのサポートに撤するのが首脳陣の仕事」と、一歩下がった視点からチームを見つめていました。その泰然自若とした姿は、逆に代表監督としての存在感、器の大きさを感じさせるものでした。

選手たちにアドバイスするときも、上から目線ではなく、同じ目線で接し、よき兄貴分の立場でコミュニケーションを図っていました。監督から「まかせたから頼むぞ」と信頼の言葉をもらえば、誰もが奮起します。

我々コーチ陣も同じです。監督からブルペンに対して、あれこれと細かい注文はありませんでした。「よろしく頼む」の言葉に、監督の言わんとすることがすべて凝縮されているように感じました。

これだけ信用されているのだから、監督に恥をかかせるわけにはいかない、選手が責められるようなことがあってはならない。私は監督の顔を見て、そう決意しました。コーチや選手を自然とやる気にさせる原監督の人柄は、サムライジャパンの団結力を生み出しました。

WBCの試合が始まっても、原監督のスタンスは変わりませんでした。あくまでも選手が主役。首脳陣は選手が戦いやすい環境を整える脇役。もちろん、スタメンオーダーの決定や投手起用、攻撃面の戦法などは、監督やコーチが相談して指揮をとりましたが、選手の実力を信頼した作戦を優先しました。

それを象徴するシーンが、コールド勝ちした韓国戦の初回の攻撃です。

日本は先発の金廣鉉《キムグァンヒョン》から、イチローと中島裕之の連打で無死一、二塁の先制のチャンス。次は3番の青木宣親。この試合に勝利すれば、第2ラウンド進出が決定します。

私は気が小さいものですから、

「この場面はバントという作戦もありかな」

とブルペンで思っていたのです。

ところが、原監督がとったのは強攻策。青木はベンチの期待に応えて、センター前に先制打を放ちます。

この場面を振り返って、原監督はこう説明してくれました。

「韓国戦はこの一戦だけの戦いではない。韓国と戦う上で日本は攻めていく。相手にスキを与えない。そういう姿勢を見せたかった」

私はこの言葉を聞いて、指揮官として非常に前向きな方で、その方向へ選手を引っ張っていく強烈なリーダーシップを秘めた監督であると感じました。

ゲームが始まると、すぐに私はブルペンへ向かいます。試合中にベンチで監督と顔を合わせることはありませんから、必ず試合開始前に監督室を訪ねることにしました。試合前のミーティングという大げさなものではありません。

「これからブルペンに入ります。今日もよろしくお願いします」

「そうか。大変だろうが、ブルペンのほうはよろしく頼む」

こうした二言、三言の会話ですが、そのたびに不思議と「今日1日がんばろう」とファイトが湧いてきたものです。

原監督は監督室でも自然体でした。特別に気負った雰囲気もなく、いつも通りに温かく迎えていただきました。その表情は穏やかで、負けられない一戦の前でも沈痛な顔を見せたことがありませんでした。

アメリカに行った第2ラウンド以降だったと思います。

いつものように試合前に監督室を訪ねたときでした。

ノックしてドアを開けると、監督が今までにない、非常に厳しい表情をされていました。しかし、それは困惑している顔ではなく、指揮官として「これから戦うぞ」という気迫あふれるものでした。

こうした監督の表情を監督室で二度ほど見かけました。勝負師としての監督の表情を見た私は、さらに気合が入りました。

「部下に全幅の信頼を寄せている監督を苦しめたくない」

原監督の人柄がサムライジャパンの躍進力になったことは間違いありません。

WBC使用球への適応力

大会が始まる前から懸念されたのが、WBC使用球に短期間でどこまで日本のピッチャーが対応できるか、その適応力でした。

日本のプロ野球で使用する公式球は、ボール表面の感触がしっとりとして、一般的に滑りにくい感覚があるとされています。一方のWBC使用球は、滑りやすいと言われていました。どちらも牛革を使用していますが、皮革のなめし方が違うためにそうなっているようです。

実際にWBC使用球を手にしてみたのですが、確かに日本の公式球より滑る感覚はありました。それより驚いたことは、WBC使用球が1ダースあれば、一球一球ボールの感触が微妙に違うことでした。これは私の感想ですから、投手全員がそのように感じたかどうかはわかりません。

WBC使用球はメジャー使用球の最上級のボールとされていましたが、ボールの感触には個人差があります。

ドジャースでクローザーを務めた斎藤隆は、日本で活躍していた頃より、ストレートの球速はアップし、スライダーの曲がりも鋭くなり、好成績を残しています。本人の努力もあったと思いますが、これはメジャー使用球がよく手に馴染んだことも要因になっているのです。

ボールの感触に慣れてもらう意味で、WBC使用球をオフの間に選手たちに渡していたのですが、監督やコーチから指示したわけではなく、代表候補になった選手たちは自主トレの段階からWBC使用球で投球練習やシートバッティングをして、ボールへの対応力を高めていきました。NPB（日本野球機構）から支給されたボールだけでは足りなくなり、球団側にWBC使用球を用意していただくなど、各球団のバックアップは、連覇を目指す上で心強いものがありました。

投手たちは短い期間で、WBC使用球へよく適応してくれたと思います。おそらくもう少し時間があれば、もっとうまくボールをコントロールすることができたでしょう。

これは結果論になるかもしれませんが、日本チームの防御率1・71は、いかに適応力が高かったかを証明する数値です。

もともと日本の投手には、優秀な投球術が備わっています。たとえボールが変わっても、彼らの制球力があれば、自ずと結果は出ると信じていました。

世界一の投手陣が連覇の大きな原動力になったのは、誰もが認めるところです。

城島の好リードは努力の結晶

サムライジャパンの守りの要になるキャッチャーに誰を起用するのか。一人に固定するのか、それとも試合ごとに併用していくのか。

首脳陣が出した結論は、宮崎合宿のときからコンディションがよく、練習試合と強化試合で打撃好調だった城島健司をスタメン捕手として固定することでした。第2ラウンド以降、メジャーに精通している彼の情報をリードに生かしてほしいという理由もありました。

肩の状態が万全ではない阿部慎之助と石原慶幸は、代打や控え捕手としての活躍を期待しました。

日本の投手が好投できた要因には、城島の好リードがあります。これは彼の努力なくしてはできなかったことでしょう。

宮崎合宿中の巨人との練習試合、京セラドームのオーストラリア代表チームとの強化試合と、なかなか投手とサインが合わず、城島が苦労する場面がありました。そこで彼はピッチャーが投げやすいように、昨シーズンに各投手が使っていたサインをすべて覚え、それをベースにして各投手の持ち味を引き出すようにしたのです。

さらに各ピッチャーは何種類かの持ち球がありますから、相当数のサインを記憶することになります。短期間にこのサインを頭にインプットすることは大変な労力を費やします。それでも「できるだけ投手が使いやすいサインで行こう」と城島は考えたわけです。

バッテリーミーティングも、城島が中心になって行っていました。

スコアラーが収集した膨大な資料をもとに、韓国、キューバ、アメリカの試合をビデオで見ながら、

「このバッターはこういう攻め方が有効だ」

「この選手はこのコースが弱いのではないか」

と、選手間でいろいろな攻略法を考えていました。

城島や阿部、松坂大輔や岩隈久志のバッテリー陣は、大会中に対戦相手の試合を観戦して収集した生のデータも参考にしていました。首脳陣から話をするより、選手が自分たちで研究し、納得いくまで話し合っていくことが重要です。そうした選手の自主性を大切にしました。

バッテリーミーティングは選手主導、コーチはオブザーバーとして参加したのです。

韓国チームを徹底研究

日本の投手陣にとって最大の難敵は、韓国の強力打線。昨シーズン首位打者の金賢洙《キムヒョンス》、同じく本塁打王の金泰均《キムテギュン》、現役メジャーリーガーの秋信守《チュシンス》、北京オリンピックで活躍した李大浩《イデホ》の主力打者は要注意でした。

韓国の選手は試合前に、興味深い打撃練習をしていました。ピッチャープレートの手前からバッティング投手がゆるいボールを投げて、それを彼らがじっくりとタメをつくってから打つ練習です。ボールは面白いように、スタンドへ吸い込まれていきます。この練習が韓国打線のパワーの源になっているのではないかと、一緒に見学していた日本の選手たちと話したものです。そのパワーに日本の打線とは違う迫力を感じ、韓国打線への警戒心をさらに強めました。

大会前に、日本のスコアラーが収集したデータ、映像を通して、韓国打者の得意なコース、苦手なコースを分析しました。スコアラー陣からは、実に正確なデータを提供していただき、改めてその情報収集力の素晴らしさに頭が下がりました。

相手選手のデータが頭に入っていると、やはり安心感があります。データ通りに攻めて凡打に打ち取ることができれば、投球にも余裕が生まれます。データをもとにして相手の裏をかくこともできます。また、データと多少違っても、試合で対戦して弱点を見抜く力が日本のバッテリーにはあると思っていました。

金賢洙《キムヒョンス》はバットコントロールが巧みな左の好打者。どのコースにも対応できる高いバッティング技術を持っています。これといった弱点もない、非常にイヤな打者であると感じました。

金泰均《キムテギュン》は右のパワーヒッター。その飛距離の凄さは、松坂から東京ドームで放った特大の一発でもわかるかと思います。巨漢のわりに体が柔軟で、コースに逆らわない打撃もできる器用な一面もあります。

昨年、インディアンスでクリーンアップを打ったことのある秋信守《チュシンス》は、勝負強い左バッターです。左ヒジの状態が万全ではなく、練習試合を欠場するなど調子は今ひとつだったようで、今大会でもスタメンを外れるケースもありました。

李大浩《イデホ》は典型的な右の長距離砲です。この打者はパワフルなバッティングをしますが、配球を間違わなければ、長打をある程度防げると思いました。

この左右の強打者を封じるには、やはりインコースへの配球がポイントでした。メジャーリーグの審判は内角のストライクゾーンが狭いと言われています。そうした状況にあっても、内角のボールの見せ方はピッチングに欠かせない武器です。たとえば、バッターの目線に一番近い内角高めをストレートやシュートで意識させる。あるいは、インサイドから内側に切れ込むスライダーやカットボールを使う。内角球の残像を残しておいて、逆に打者の目線から一番遠いアウトローで勝負するなど、インサイドへのボールの出し入れは必要だと思いました。

長距離打者の内角を突くことは、少し甘く入れば長打になりますから、ピッチャーにとっては勇気がいる行為です。しかし、日本の投手の制球力をもってすれば、十分勝負になると考えました。

実際に日本の投手陣は韓国と5試合を戦い、金泰均《キムテギュン》と秋信守《チュシンス》に1本ずつ本塁打を許しましたが、中軸4人を44打数8安打、打率2割以下に抑えることに成功しました。韓国の強打より日本の制球力が勝ったということではないでしょうか。

もう一つは、韓国の1、2番、下位打線にいた俊足ランナーを出塁させなかったことも大きかったと思います。韓国が機動力を使った野球を取り入れていることはデータでわかっていました。私は投手陣に俊足ランナーが塁に出ても、必要以上に意識しないように言いました。

「走れるものなら走ってみろ」

それくらい強い気持ちを持って、ピッチングに専念してほしいと思っていたのです。

確かに韓国チームは機動力をよく使った印象がありますが、日本戦5試合で成功した盗塁数は3。バッテリーと内野手の連携がよく、相手に自慢の俊足を使う機会を与えなかったことも韓国に勝ち越せた要因でしょう。

これは私なりの分析ですが、日本の投手陣が好投できたのは、ピッチャーという仕事の原点に立ち返ったからだと思います。

野球というゲームは投手がボールを投げるところから始まります。そして、打者を打ち取り、アウトカウントを増やし、3アウトで1イニングが終了します。これを9回まで積み重ねていくわけです。

先発投手もリリーフ投手も、一つのアウトを取ることが基本になります。それは長いイニングを投げる、ワンポイントで投げるという起用法以前の問題でしょう。勝ちゲームでも負けゲームでも同じです。すべては一人のバッターをアウトにすることからスタートするのが、ピッチャーの仕事だと思います。

そうした意識が日本の投手陣にはあったのではないかと思えるのです。

ふだん先発しているピッチャーがリリーフで好投することができたのも、投手の原点回帰があったからなのではないでしょうか。

実り多かったメジャー相手の練習試合

宮崎合宿終了後、日本代表は京セラドーム大阪でオーストラリア代表と2試合。東京ドームで西武、巨人と2試合。計4試合の強化試合を予定していました。

原監督は「大会本番までに実戦練習が4試合では少ない」と思ったのでしょう。急遽、自分のチームである巨人戦2試合の練習試合を、宮崎合宿のスケジュールに組み込んだのです。投手も野手も試合を通して実戦の感覚をつかむことも大切ですから、練習試合が多くなるのは大歓迎でした。

この2試合は日本代表候補チームが10対0、13対1と圧勝。選手たちが順調な仕上がりを見せた試合でした。

２００９年2月24日／京セラドーム大阪

オーストラリア代表　2＝０１０００００１０

日本代表　8＝０２１１３０１０×

２００９年２月25日／京セラドーム大阪
日本代表　　　　11＝００２５００２０２０
オーストラリア代表　２＝０２０００００００

サムライジャパン初の実戦は、第１ラウンドＢ組に出場するオーストラリア代表。第２ラウンドで対戦する可能性のあるチームでした。両試合で短いイニングでしたが、投手13人全員を登板させました。これは予定していた投手起用です。

先発からリリーフに回った投手が、実際にブルペンでどれくらいの球数を投げてスタンバイできるのか。肩を１回つくって休めてから登板すると球威はどうなるのか。２回つくると球威は落ちるのか。そういう材料を取得できたことが私には大きな収穫でした。

ですから、マウンドでどのような結果が出るかよりも、ブルペンの状態を知りたかったわけです。試合の勝敗は二の次でした。

２００９年２月28日／東京ドーム
西　武　　７＝００２０１００４０
日本代表　２＝０００１０００１

2009年3月1日／東京ドーム
巨　人　1＝100000000
日本代表　2＝0001000001×

この2試合も投手陣全員がマウンドに上がりました。先発予定の岩隈は3イニング、ダルビッシュが2イニング、松坂が3イニング。杉内も2イニングを投げました。そのほかの投手はショートリリーフです。2試合目は延長戦になったので　山口が連投する形になりました。

この強化試合でもブルペンの状態をチェックし、リリーフ陣の調子、肩の出来具合を把握することに努めました。この4試合でリリーフの準備に必要な球数などの確認作業が終わり、大会本番に向けて順調な最終調整ができたと思いました。

2009年3月11日／スコッツデール
日本代表　6＝000114000
ジャイアンツ　4＝202000000

2009年3月12日／メサ
日本代表　3＝0020001000
カブス　　2＝0001000001

第2ラウンド本番前に組まれたアリゾナでのメジャー相手の練習は、実りの多い実戦でした。ここで投手陣に確認してもらいたかったのは、アメリカのグラウンドの状態です。もちろん、第2ラウンドのスタジアムであるサンディエゴのペトコパークと違いますが、少しでもアメリカのグラウンドの雰囲気をつかんでもらいたい気持ちでした。マウンドの傾斜や硬さ、天然芝やブルペンの状態、スタンドの雰囲気などのシミュレーションです。

アリゾナは乾燥が激しく、ボールがツルツルと滑ることは想定内でした。私は選手とキャッチボールをして、日本とはボールの質感が全然違うと感じました。そうした空気の乾燥具合、ボールの滑りを体験できたこともプラス材料でした。

サンディエゴは幸いなことに、アリゾナほど乾燥がひどくなく、すでに滑る感覚を体験していた投手たちが、あまりナーバスになることはありませんでした。

もう一つ試合で確認してほしかったのは、日本人や韓国人にないリーチの長さです。どこまで外角のコースにバットが届くかということでした。第2ラウンドのキューバ戦、勝敗によってはメキシコ戦があります。決勝ラウンドに進めば、アメリカ、ベネズエラ、プエルトリコと対戦するかもしれません。こうした国の選手は腕が長く、外角球に強いバッターもいますから、彼らのリーチの長さを知る必要があったのです。

試合で打たれるか、抑えるかは、別問題と考えて、外角球のゾーン確認をするように投手には指示しました。この確認ができただけでも、メジャーリーガー相手の練習試合を行った意義があったのではないでしょうか。

松坂と岩隈以外の投手が登板して、2試合とも勝利。両チームともレギュラークラスの選手が出場していましたから、この連勝は選手たちの大きな自信になったと思います。

つなぎの打線が勝利を呼ぶ

バッティングに関して門外漢が述べることではないかもしれませんが、サムライジャパンは〝つなぎの打線〟と言われていました。

スタメンの基本オーダーは1〜3番がイチロー、中島、青木、4〜6番が村田、稲葉、小笠原、左投手の場合は内川、7〜9番がメジャーリーガーの福留、城島、岩村でした。メジャー組を除けば、いずれも各チームでクリーンアップを打っているバッターばかりです。もちろん、メジャー組も中軸を打てる力量は十分に持っています。

私はクリーンアップが三つある打線だと思いました。しかし、原監督は必要以上の長打はいらないと考えていたようです。監督の構想はこうでした。

1〜3番は出塁率、4〜6番はチームバッティング、7〜9番は意外性を選手に求めていました。1〜9番まで全員ホームランを打てるバッターですが、一発長打で決める野球は監督が目指す方向性と違ったということでしょう。

確かにホームランで得点を重ねていく野球は、ベンチからすれば楽です。しかし、ホームランは計算できません。各国の好投手から、そう簡単にホームランを打てるわけでもありません。

ホームランの多さが勝利に結びつくのかと言えば、一概にそうでもないのです。

今大会の国別の本塁打数は、メキシコ14本（6試合）、ベネズエラ13本（8試合）、アメリカ12本（8試合）、キューバ11本（6試合）、韓国11本（9試合）。これに対して、日本のホームランは4本（村田2本、城島1本、内川1本）でした。

一発長打は魅力ですが、それだけでは勝てないのです。

ヒットやフォアボールで出塁して相手投手にプレッシャーをかける。セットポジションの投手に盗塁のそぶりを見せて、クイックモーションで投げさせる。バントで揺さぶりをかけて内野のポジションをずらし、ヒットゾーンを広げる。こうして相手をじわじわと苦しめていくのが、日本の野球、WBCの戦術ではないかと思いました。

ですから、選手は何とか出塁しようと必死でした。それは中島8、岩村7、福留7という四死球の数にも表れています。また、球数制限の関係で相手投手にボールを一球でも多く投げさせるために、打者はファールで粘り、相手が根負けするシーンもありました。

一球一球にくらいつく精神から、打線のつなぎが生まれたような気がします。

打者に対しては、いつもブルペンで「頼む、この場面で助けてくれ」と心の中でつぶやいていました。ブルペンへ向かう途中に野手と顔を合わすたびに言いました。

「今日も頼むな。ピッチャーを助けてくれ」

「わかりました。がんばりますよ、与田さん」

その言葉通り、彼らの打撃と守備に何度も救われました。

イチローの試練から生まれた連覇

メジャーリーグで8年連続200本安打を記録しているイチロー。その彼でもバッティングで苦しむことがあるのだと、WBCを観戦して実感したプロ野球ファンは多かったのではないでしょうか。

イチローの練習量は野手のなかで一番でした。そんな姿を見て、自然とイチローの周囲には若手選手が集まってきました。彼の練習方法やルーティンなどを知る絶好のチャンスですから。

WBC9試合の成績は、44打数12安打5打点、打率2割7分3厘。決勝では延長戦を制する劇的なヒットを放ち、千両役者ぶりを見せました。この試合で6打数4安打と、ようやくイチロー本来のバッティングを取り戻しました。

準決勝まで戦い抜いた時点でイチローは打率2割1分1厘。彼がいかに苦しんだかを表す数字です。

第1ラウンドから打撃不振だったイチローを、ことさらバッシングするような記事も見られました。トップアスリートの宿命なのでしょうが、イチローが4打数4安打でも負けるゲームもあるわけです。

野球は個人プレーではなく、チームプレーの競技。何でもかんでも敗戦の理由をイチロー一人の責任であるかのような報道には疑問を感じました。

当初、原監督はイチローを3番で起用する予定でした。宮崎合宿の巨人2試合、オーストラリア代表2試合、西武戦と調子が上がらなかったため、東京ドームの巨人戦から慣れている1番に戻して大会に臨みました。

大会期間中、なかなかバッティングの状態が上向きにならないイチローは、毎日のように早出特打ちを黙々と行っていました。

こうしたひたむきな姿を見て、チームメイトが奮起しないわけがありません。

「イチローさんに早く好調になってほしい」

そういう思いがある半面、

「イチローさんの調子が悪いのなら、自分たちが打てばいい」

という空気がチーム内にありました。

意識改革と言うと大げさになりますが、

「いつまでもイチローに頼ってはいけない」

と目覚めた選手が多かったのではないでしょうか。

イチローの不調は、いい意味でチーム内に緊張感をもたらし、打線をつないでいく意識を高めることになったと思います。

WBC使用球の統一を

ボールの問題は、これまで再三再四、いろいろと論じられてきました。

私が立ち入ることではないかもしれませんが、選手サイドから見るとボールはWBCもメジャーも日本の公式戦も、すべて統一することが望ましいと思います。

日米のスポーツメーカーが関係する問題ですから、早急に実現できるとは思いません。それでも、やはり同じ競技をする上で、ボールが異なるというのはおかしな話ではないでしょうか。

以前、サッカー関係者の取材を通して得た知識ですが、サッカーボールを製造する国によって、微妙にボールの硬さが違うそうです。シュートしたときのボールの浮き上がり具合、ボールにフックやスライスをかけたときの曲がり具合も、ボールによって差が出ることもあると言っていました。

足先でトラップしたときの感触もボールで違うようです。

国際大会に多く出場しているサッカー選手でも、ボールの違いにとまどうのですから、国際試合に慣れていない野球選手は、ボールを握ったときの感覚はよりナーバスに感じると思います。WBCでは、まずボールに慣れることから選手は始めなくてはなりません。これは時間的なロスになります。ようやくWBC使用球に慣れ親しみ、大会が終了すると、わずかな期間で日本の公式戦が始まります。

今度は日本の公式球で練習する必要があります。WBC出場のために、自主トレ、キャンプとWBC使用球だけで練習していた選手もいるでしょう。そうした場合、日本の公式球に違和感を覚えるケースもあります。ボールへの対応を引きずって、シーズン開幕に影響が出るようでは問題です。

現に公式戦への影響を懸念して、大会出場を辞退する選手も出ています。

このような事態を少なくするためにも、WBC、メジャー、日本の公式戦で使用するボールを統一する必要性を感じます。メジャー球、日本の公式球など既製ボールのどれかをWBC使用球に認定することは難しいと思います。両ボールの中間くらいのフィーリングを持つ統一球というのも、選択肢の一つでしょう。

大会終了後に、加藤良三コミッショナーもボールの統一問題に言及されていましたが、4年後のWBCまでに活発な議論を期待したいと思います。

審判のストライクゾーンを利用する

第1回大会の日本対アメリカ戦で「世紀の誤審」と問題になったこともあったのでしょう。第2回大会では、全試合のチーフアンパイアとセカンド塁審はメジャーリーグの審判が務めました。

よくメジャーリーグと日本のストライクゾーンの違いが話題になります。アウトコースに甘く、インコースに厳しいのがアメリカの審判。確かにその傾向はありますが、実際は審判によっても異なります。

ストライクゾーンは日米の差というより、審判個人の差だという認識があります。たとえば、日本の審判でもアウトコースをよく取ってくれる方、インサイドに厳しい方もいます。その逆のジャッジをする審判もいれば、高め低めに甘い、辛い審判だっているわけです。国内でもストライクゾーンに多少の誤差があっても、私は不思議なことだとは思いません。

審判の特徴や傾向をバッテリーが早くつかむことも大事ですが、WBCのような国際試合は、どの国の審判が見てもストライクとコールされるようなコースに、いかに思い切りよく腕を振って投げ込むことができるかだと思います。極端に言えば、コースなど狙わず、ど真ん中に投げ切る。少々、甘いコースでも球威で打ち取れる。国際大会では、そうした度胸とボールに力のある投手が必要です。

打者も審判が外国人だからとストライク、ボールにあまり神経質になると、かえって自分のバッティングが崩れてしまうのではないでしょうか。

今回9試合を戦って、ストライクの判定に泣かされたという場面はあまりなかったように感じています。もちろん、個々に確認したわけではありませんから、なかには審判のジャッジを不服に思った選手がいたかもしれません。

しかし、原監督は最初から審判のジャッジにクレームをつけない野球を選手たちに徹底させていました。

日本の投手陣に関して言えば、このコースをストライクとジャッジしてもらい、投球の幅が広がったケースもあり、審判の傾向をうまく利用できたと思います。

私が見たかぎりでは、審判のストライクの判定にブレがなく、個人によってストライクゾーンが極端に変わることもなかった気がします。むしろ、さすがメジャーリーグの審判だと思わせるような、公平なジャッジに終始した印象を受けました。

WBCの開催時期とグループ割りの問題

WBCの開催時期は第1、2回とも3月でした。スケジュールに関しては、いろいろな意見があります。国内のペナントレースをベースに考えますと、どの時期に開催しても何かしらの支障が出ます。これは致し方ないことだと思います。そうしたなかで、ベストとは言わなくても、ベターである時期が3月ではないでしょうか。

日本の場合を考えると、通常のシーズンに臨むケースとは、自主トレ、キャンプの過ごし方は違ってくるでしょう。代表合宿や強化試合があれば、国内のオープン戦に参加できないことも出てきます。

大会の成績にもよりますが、決勝ラウンドまで進出すると、WBC終了後に約1週間から10日くらいでシーズンの開幕を迎えます。激戦の疲れを残したまま、ペナントレースに突入する選手もいるかもしれません。日本代表から各チームの選手に戻るという気持ちの切り替えも必要です。

3月開催はマイナス面が目立ちますが、それでは別の時期はどうなのでしょうか。選手のコンディション面を優先すると、オールスター期間前後の7月後半という意見もあるようです。ペナントレースを戦っていますから、調子のいい選手は多いでしょう。しかし、問題はあります。

まず、シーズン中に主力選手が約1カ月チームを離れることは、ペナントレースを左右しかねません。辞退者も増えると思います。また、その期間にシーズンを一時中断することは試合数の大幅削減になり、各球団としては営業面で苦しくなります。4年に1回と言っても、年間144試合で算盤勘定している球団には大きな痛手です。

次にシーズンが終了してからという案もあります。しかし、日本シリーズがありますから、早くて11月中旬スタートで、決勝は12月初旬になってしまいます。これでは、選手が体を休めるオフシーズンがなくなり、翌年のキャンプにも影響が出てきます。シーズンの開幕を1カ月早めるにしても、1月のキャンプインというのは非現実的です。

シーズン中にしても、日本シリーズ終了後にしても、相当のリスクがあります。

現時点では参加国の国内事情を加味した3月開催は、ベターな時期ではないかと思えるのです。

今回は日韓対決が5試合あり、第1、2ラウンドのグループ割りも指摘されました。16カ国が参加したにもかかわらず、ダブルエリミネーション方式とグループリーグの組み合わせによって、決勝に進んだ日本が対戦した国は、中国、韓国、キューバ、アメリカの4カ国。ベネズエラやドミニカとの対戦を見たかったファンの方も多かったでしょう。第1ラウンドはともかく、第2ラウンドでもう少しファンが興味を持つようなシャッフルができたような気がします。

対戦方式とグループ割りは、次回開催に向けての大きな課題でしょう。

韓国戦の報道は少し過剰気味

マスメディアに身を置く人間が言うのも何ですが、日韓戦の報道は少し過剰ではないでしょうか。決勝戦はまだしも、第1ラウンドのコールド勝ちを歴史的勝利とか、ちょっと大げさのように感じました。

どうも日韓対決というと、野球にかぎらず、過去の歴史や両国のしがらみがスポーツの世界にも入り込んでくるようです。そうした歴史的な背景を認識することは、両国民には必要でしょう。その半面、競技者や代表チームが過去を引きずっていたのでは、スポーツを通しての友好関係は深まるでしょうか。

グラウンドでは、お互いに目が合えば帽子に手をかけて会釈をします。私もサンディエゴ・ペトコパークのブルペンへ向かう途中、ベンチにいらした韓国の金寅植《キムインシク》代表監督とあいさつを交わしました。これは野球人として、ごく自然な行為です。

韓国チームの金城漢《キムソンハン》ヘッドコーチは、中日時代にコーチ留学へ来た経歴があり、旧知の間柄でした。

彼は日本語が少し話せるので、試合前に握手して、

「アジアの両チームががんばって、世界の野球をリードしていこう」

とか、建設的な意見交換もできました。

韓国チームとは宿泊先が同じホテルでしたから、決勝戦の翌日にロビーでお互いに顔を合わせる場面があったのです。

「昨日の決勝は本当にナイスゲームだったね」

と両軍の首脳陣と選手がお互いのチームをたたえあったのです。

私もヘッドコーチと代表監督とフレンドリーに会話を楽しみました。

「アジアのために、日韓が野球でがんばろう」

と最後に誓って、別れを惜しんだくらいです。

昨日の敵は今日の友。両チームの友好関係は着々と築かれています。

アジアの2チームが優勝と準優勝というのは、それこそ歴史的快挙ではないでしょうか。お互いに切磋琢磨して、アジアの野球を世界にアピールしたプラス面をもっと報道してほしいと願います。

日本選手の場合も同じです。WBCに出場した選手のなかでも、開幕から不調の選手を取り上げる報道が目につきます。1年の間には好不調の波が選手には必ずあるものです。それよりWBCで成長した選手に、もっとスポットライトを当てて、国際大会をポジティブなイメージにしていただきたいと思います。

プロ野球の底辺拡大を

プロ野球12球団の2009年春季キャンプ地は、2月でも気候が温暖な沖縄県に集中しています。

沖縄本島は日本ハム（名護市）、阪神（宜野座村）、中日（北谷町）、広島（沖縄市）、ヤクルト（浦添市）、横浜（宜野湾市）。久米島は楽天（久米島町）、宮古島はオリックス（宮古島市）、石垣島（石垣市）はロッテと9球団がキャンプ地に選んでいます。

私は現在、「美ら島沖縄大使」を務めているのですが、これだけキャンプ地として人気があるのにもかかわらず、沖縄でのプロ野球公式戦は1975年の大洋（現横浜）対広島戦を最後に一度も開催されていません。

沖縄県は少年野球や草野球が盛んで、全国でも有数の野球好きな土地柄です。休日に車を走らせていると、グラウンドや空き地で子どもたちが白球を追いかけている姿を、あちらこちらで目にします。

甲子園でも活躍する実力校も多く、プロ野球選手を目指す高校球児もいます。ソフトバンクの新垣渚投手は沖縄水産高、ロッテの大嶺祐太投手は八重山商工高出身です。

とにかく野球に対する情熱を持った人々がたくさん集まっている沖縄県で、親善試合やオープン戦は開催されても、公式戦がないということは残念です。沖縄から一番近い球場と言っても、九州の福岡では遠すぎます。

私は現役時代にお世話になった方から、

「一度、おまえが公式戦で真剣に投げている姿を見たい」

とリクエストされたことがあります。

私は現役引退したため、その願いに応えることができなかったのです。その方には何とか沖縄の地で、プロの真剣勝負を見せてあげたかったのですが、すでに他界され、その夢を叶えてあげることができませんでした。

「美ら島沖縄大使」を拝命した縁もあります。何とか沖縄で公式戦を開催できないものかと思っていました。

いろいろと事情を聞いてみると、公式戦の開催がなかったのは球場の問題だそうです。プロ野球公式戦を開催する上で、規定の観客収容人数を満たす球場がないことが原因でした。

沖縄でプロ野球の公式戦を生で見たいという県民の声を反映させて、那覇市の奥武山野球場のスタンドを、観客3万人収容できるように改築工事が進んでいるそうです。

早ければ、２０１０年に完成。県内で公式戦を観戦できる日がそこまで来ています。

プロ野球12球団は、ぜひ沖縄県での公式戦開催を検討していただきたいと、切に願うばかりです。

第7章 一流を知る

イチローとの出会い

「どうしたら一流の野球選手になれるんですか」

講演や野球教室などに行くと、こんな質問を受けることがあります。答えるのが非常に難しい質問です。

好きな言葉ではありませんが、才能は一流になる上で必要不可欠な要素でしょう。野球で言えば、持って生まれた肩の強さ、足の速さ、バット・コントロールのセンス……こうした才能は努力したら必ず獲得できるというものではありません。しかし、才能に恵まれていれば一流になれるかと言うと、これは違います。才能があっても、才能だけに頼っていては一流にはなれません。プロ野球は才能のある人間の集まりですが、その人間がすべて一流になっているのではないという事実がそれを証明しています。

では、才能のある選手があるレベル以上の練習をし、努力すれば一流になれるのか。これもまた違います。才能があり、しっかり練習する選手はたくさんいます。しかし、それでも一流になれなかった選手を私は現役時代からたくさん見てきました。

一流選手として才能を開花させるには、チャンスをものにできる運の強さや、自分に合った指導者と出会うことも必要でしょう。では、才能と努力と運が合わされば一流になれるのか……。これも簡単にイエスとは言えません。

結局、何をすれば一流と言われるレベルに達するかは、私自身にとっても永遠のテーマなのです。ただし、一流と言われる選手に共通するものはあります。それも才能や運以外のプラスアルファ。そのプラスアルファは練習や努力の中身、人生観や野球観などさまざまです。そのことについて、私が経験し、見てきたことをお話ししたいと思います。

今回、WBCを戦った選手は、私から見て全員一流のプレーヤーです。なかでも超一流のプレーヤーとしてイチローを挙げることには誰も異論がないと思います。

現役時代、私は一度だけイチローと対戦しています。イチローがプロ入り1年目の、1992年のことです。私はヒジを痛め、ファームで調整中でした。かなりヒジの調子がよくなってきた頃、イチローのいるオリックス戦に登板したのです。

イチローは試合前にわざわざ私のところに挨拶に来てくれました。

「与田さん、今日はよろしくお願いします」

出身地も違うし、高校の先輩後輩の関係でもありません。イチロー自身が愛知県出身でもともと中日ドラゴンズの熱烈なファンだったから、挨拶に来たのでしょうが、その態度は実に爽やかでした。イチローについてはしばしば生意気だというようなことがメディアで取り沙汰されますが、それは彼がメディアと選手との関係を緊張感のない、馴れ合いの状態にしたくないからでしょう。私はこの日の出会いから解説者となった今日まで、イチローに対する爽やかな印象は少しも変わっていません。

バッティング練習を見ただけで、イチローには光るものがありました。体は細くても、バットスイングはしなやかで、強い打球を飛ばします。試合でも、私のストレートをきれいにセンター前に弾き返しました。

以後、私とイチローは対照的な道を歩みます。3年目に首位打者に輝いたイチローは最多安打の日本記録を更新するなど日本人のトッププレーヤーとして活躍します。私はトレードや二度のテスト入団を経験し、一軍での登板機会はどんどん減っていきました。1はからずもイチローがメジャーリーグに挑戦した1年目は、私が野球解説者になった1年目でもありました。しかも2年目からはメジャーの解説も担当するようになりました。イチローの活躍でメジャー人気が盛り上がり、試合中継も増えたのですから、私はイチローから仕事をもらっていると言えるのかもしれません。

オンとオフの使い分け

WBCの宮崎合宿で一緒になったときも、イチローのほうからうれしそうに声をかけてきました。

「こんな形で同じユニフォームを着ることになるとは思いませんでしたね」

まったく同感です。私もイチローとの不思議な縁を感じました。すでにイチローと初めて言葉を交わしてから17年の歳月が流れていました。もちろん、その間、彼はプレーヤー、私は野球解説者として会っています。メジャーのオールスター戦を取材に行ったときも、報道陣のなかに私を見つけると、「与田さん、今日はわざわざ遠いところをありがとうございます」と声をかけてきました。それは先輩と会ったのだから挨拶するのは当然だという態度であり、飾ったところ、気取ったところは微塵もありません。

そんなイチローのプレーヤーとしての凄さは、外からではなく、同じチームの一員として内側から見てよくわかりました。

一番感じたのはオンの状態と、オフの状態の区別がはっきりしていることでした。オンの状態に入ったら、誰も話しかけられないような雰囲気なのです。しかし、球場にいる間、ずっとオンの状態なのかと言えば、そうではありません。仲間と談笑したり、ときには若い選手と一緒になって子供のようにはしゃいだりしている時間もあります。それが一旦、オンに切り替わると、試合前であっても、首脳陣でさえ「今は近づくべきじゃないな」と感じるようなオーラを漂わせ始めるのです。

その近寄りがたさは自分が一流であるとか、特別な選手であるという思いから出ているオーラではありません。プロフェッショナルとして、今から自分がやるべきことをやるのだという高い集中力からくるものだと思います。

松坂大輔やダルビッシュ有がやはりそうでした。ブルペンに入ると、ほとんど会話ができないような空気になります。トッププレーヤーが持っている共通の空気かもしれません。

イチローが東京ドームで外野守備の練習をしているとき、一度、こんなことがありました。右中間に大きな打球が上がったので、ライトを守るイチローは「I got it」と大きな声を出して取りに行ったのです。ところが、ボール拾いをしているアルバイトの少年はそれに気づかず、ボールを取りに行こうとしました。このままでは衝突の危険もあり、思わず私も「危ないぞ」と大声を出したほどです。

イチローはバイトの少年の存在にすぐ気づき、途中でボールを追うのをやめましたが、いらだちを隠し切れない様子でした。当然です。イチローにとっての練習とは、あくまで本番の真剣勝負を想定しての練習なのです。練習のための練習ではありません。ただ、漫然とバッティング練習の打球を捕っているわけではないのです。

イチローが誰よりもグラウンドに早く来て、誰よりも入念な練習を行うのは有名です。その態度はＷＢＣの期間中も変わりませんでした。練習の量と質、さらにその練習が高い目的意識に裏打ちされている点で、イチローは超一流なのです。

外野守備と言えば、まだ私が現役だった頃、西武ライオンズの黄金期を支えたスラッガー、秋山幸二さん（現ソフトバンク監督）の練習にも驚かされました。秋山さんはバッティングだけでなく、守備力や走力も抜群で、当時「メジャーリーグに最も近い男」と言われていました。

私が練習を見たのはオープン戦でした。自分のチームがバッティング練習をしている間、秋山さんはセンターの守備位置で、打球の方向に一歩か二歩スタートを切る練習をずっとしていたのです。よく見ると、カ〜ンという打球音がする直前にスタートしていました。センターからはピッチャーが投げるコースや球種も、バッターのバットスイングの軌道も見えます。それを目で見て判断し、バットがボールに当たる直前にスタートを切る。その練習を繰り返していたというわけです。

スタートが一歩でも早ければ、当然、打球への到達も早くなります。秋山さんの広い守備範囲の謎が解けたような気がしました。走力プラス打球方向や打球角度に対する読みの速さ。同じ外野の守備練習でも高い目的意識を持つことにより、自分を一段上のレベルに引き上げることが可能なのです。

一流選手のキャッチボール

オンとオフの切り替えがうまい。練習の量と質に優れ、そこに高い目的意識がある。これをシンプルに言えば、時間の使い方がうまいということかもしれません。

同じキャッチボールを10分間するにしても、意識の持ち方、集中の度合いによってまったく意味は違ってきます。WBCに参加したピッチャーはみんなキャッチボールを大事にしていました。体のバランス、ボールに対する指先の感触、ボールの回転の具合。そうした細かな点を入念にチェックしながら、投げるわけです。しかも10メートルの距離でのキャッチボールもあれば、60メートル、70メートルの距離の遠投もします。そこには一球の手抜きもありません。

自分は現役時代、こんなに一球一球考えながら丁寧にキャッチボールをしていただろうかと、ちょっと自信がなくなるほどでした。

しかも、彼らは必ずしもスパイクシューズを履いてのキャッチボールではありません。フラットなグラウンドで、スパイクのついていないトレーニングシューズで行うキャッチボールでも問題ないのです。私たちの時代はスパイクを履き、マウンドでその傾斜を感じながら練習することが基本でした。ランニングでさえスパイクを履いて行っていただけに、彼らのスタイルは新鮮な発見でもありました。

WBCの大会期間中、ピッチャーがブルペンに入って投げ込みをするかどうかは、すべて本人の判断にまかせていました。私が「もう少し投げたほうがいいかな」と思うピッチャーもいましたが、ピッチャーのほとんどがブルペンで投げる以前に、キャッチボールの時間を有効に使っていました。キャッチボールで体のバランスを整え、フォームをチェックし、修正することができるのです。それだけ高い技術を持っているということです。

松坂大輔の登板間隔が3月7日の韓国戦から7日空いてしまったことがありました。次に投げたのは3月15日のキューバ戦です。その間、松坂はブルペンには一度しか入っていません。その代わり、暇さえあればキャッチボールをしていました。キャッチボールによって肩の張りをつくり、フォームをチェックしていたのです。投手コーチの立場からすると、これで大丈夫だろうかと少し不安を覚えました。

しかし、キューバ戦では6回を投げ、8奪三振、無失点。強打のキューバを見事にねじ伏せたのだからさすがです。私の心配は杞憂に終わりました。

野茂英雄の凄さ

今回のWBCにはイチロー、松坂大輔、城島健司、岩村明憲、福留孝介と5人のメジャーリーガーが出場しました。今や日本人メジャーリーガーは少しも珍しい存在ではありませんが、そのパイオニアと言えば野茂英雄です。

野茂とはアマチュア時代に全日本チームの一員として戦って以来の友人です。

私が見て野茂を凄いと思うのは、どんなハードなトレーニングも当たり前のことをするようにやってのけることです。これはイチローにも言えることですが、普通の選手の数倍の練習をしているわけですから、体力的には相当きついと思います。ところが、それを辛そうな顔一つせずに、平然とやってしまう。おそらく、野球を知らない方にはごく普通の練習をしているようにしか見えないはずです。

　私は野茂に聞いたことがあります。

「よく、これだけの練習が続くよな」

「これをしなくちゃいけない、あれをしなくちゃいけないと、練習を義務的なものに感じたことはないですね。自分に必要だと思うから、やるだけです」

　言葉で言うのは簡単ですが、なかなかこのように考えられるものではありません。やはり求めているレベルがそれだけ高いところにあるのでしょう。

　野茂はこうしたトレーニングを現役を退くまでずっと続けました。解雇され、所属チームがなかったときも黙々とトレーニングを続けました。私は野茂が引退する前年、ロサンゼルスで一緒に食事をしたことがあるのですが、どこのチームにも所属していないという印象ではありませんでした。ギラギラしているというのか、「俺は野球をやるために、今ここにいるんだ」というエネルギーや熱気が言葉ではなく、体から伝わってきました。あらためて野茂の精神力の強さを感じました。

　野茂とはプロ入りも同期です。彼がパ・リーグの新人王、私がセ・リーグの新人王となり、オフに行われた日米野球にも一緒に参加しました。バリー・ボンズ、ケン・グリフィー・ジュニア、セシル・フィルダーら錚々たるメジャーリーガーが来日し、野茂と私は固定メンバーとして全7試合に帯同しました。全日本は4勝3敗と勝ち越し、私は3試合に投げて1失点、2セーブを挙げました。

将来、自分もこんな凄いプレーヤーがいるメジャーリーグで投げてみたいと思ったのは野茂だけでなく、私も同じでした。二人でメジャーの話題で盛り上がり、日米野球が終わる頃には、自分もこのままアメリカに連れていってほしいと思ったほどです。まだメジャーが日本より数段レベルの高い位置にあると認識されている時代でしたから、そんな場所で自分がどこまで通用するのかと考えるのは野球人なら当然だと思います。

そして、野茂はこの5年後、本当に海を渡り、全米にトルネード疾風を巻き起こします。近鉄との契約を巡るトラブルもあって、マスコミは一斉に野茂バッシングに走っていました。確かにルール違反かもしれませんが、私は一貫して彼を応援していました。「いつかメジャーに挑戦したい」という言葉は何度も聞いていたし、私自身、どこかで彼の行動に自分の夢を重ねていたのだと思います。

この年、私の一軍での登板はわずか5試合。満足に試合を戦える肉体ではなく、ファームで調整を続けることで精一杯の状態でした。野茂を羨ましく思いました。

「とうとう夢を実現したんだ。やっぱりあいつは凄いな」

野球解説者になってから、野茂が投げる試合の放送を担当させてもらったことも何度かあります。このときばかりは野球解説者というより、野茂の私設応援団のような感じになっていたはずです。引退後も私は彼に夢を託していたのです。

野茂も私のことをいつも気にかけてくれました。ロッテを解雇されたとき、自宅まで来て、「与田さんに合うかもしれないから」とかかりつけの整体師のところに連れていってくれたこともあります。日本ハム時代の最終戦で登板することが決まったときも、どこで聞きつけたのか、激励の電話をくれました。

決して口数は多くありませんが、野茂英雄とはそういう男です。

古田敦也のキャッチングの妙

アマチュア時代を含め、たくさんのキャッチャーとバッテリーを組んできました。そのなかで衝撃的だったのが古田敦也（元ヤクルト）です。彼とは大学、社会人、プロと同期です。初めてバッテリーを組んだのは社会人時代の全日本チームでのことでしたが、キャッチング一つでこんなにピッチングの幅が広がるのかと感心しました。

古田がボールを捕ると、少しコースを外れ、「あっ、ボールだ」と思ったボールがストライクとコールされるのです。たとえは悪いかもしれませんが、朝寝坊して「遅刻だ」と思ったら、その日は休日だったたというようなうれしさがありました。もちろん、審判をごまかすわけではありません。そこに一流のキャッチャーの技術があるのです。

こういうことです。たとえば、私が右バッターの外角にスライダーを投げたとします。ほんのわずかストライクゾーンを外れたとしましょう。普通、キャッチャーは自分が構えたミットより外側に流れるボールなら、ミットもそのボールの軌道を追いかけるように動かして捕球しがちです。しかし、古田は違うのです。私が投げた瞬間、ボールの軌道を予測し、ミットを少し外側に構え、ボールを捕球するとき、内側にミットを動かすのです。内から外へとミットが動けばボールと判定されるスライダーも、外から内へとミットが動けばストライクと判定される可能性が高まります。審判の目の錯覚です。

こうした技術を持ったキャッチャーはプロならほかにもいます。WBCで総合コーチを務めた伊東勤さんの現役時代がそうでした。日米野球でバッテリーを組んで、それがよくわかりました。現役のキャッチャーなら、広島カープの石原慶幸のキャッチングは抜群です。おそらく二軍にも、キャッチングのうまさだけなら一流だという選手はいるのではないでしょうか。

しかし、今の野球はキャッチャーにも打力が求められます。キャッチングとリードと肩だけではレギュラーにはなれません。城島健司や阿部慎之助のような打力のあるキャッチャーが重宝される傾向にあります。

古田が凄いのはプロ入り後、バッティングも飛躍的に向上していったことです。キャッチングや肩が評価され、1年目からスタメンでマスクを被りましたが、打率は2割5分。それが2年目には首位打者となり、3年目にはホームラン30本を記録します。私も1年目は抑えましたが、だんだん打たれるようになりました。

私が一番数多くバッテリーを組んだのは中日時代の中村武志です。彼は年齢は私より一つ下で、星野監督に徹底的にしごかれて一人前のキャッチャーになりました。星野監督も武志を育てるのに必死でしたし、武志も星野監督の思いに応えて、人の2倍、3倍の練習をこなしました。

一度、武志がベンチ裏で左手の親指をアイシングしているのを見て驚いたことがあります。普通の人の1・5倍くらいに腫れ上がっているのです。プロのピッチャーのボールを捕ることがどんなにたいへんなのか、少しわかりました。武志は親指が血行障害を起こし、ボロボロになっても耐えました。そのプロ根性には恐れ入ります。

私は武志の一生懸命さが好きでした。技術的な注文はいくつもありましたが、どんなワンバウンドのボールでも、体のどこに当てても止めるんだというガッツを見せてくれました。そうした姿がピッチャーとの信頼関係を築くのです。

「俺が打たれたら、こいつが叱られる」

そう思うと、投げるボールにも自ずと力がこもりました。

落合さんの効果的な一言

中日ドラゴンズのチームメイトのなかで、さすがプロの一流選手だなと思ったのは落合博満さん（現中日監督）と西本聖さん（現野球解説者）です。技術的なレベルの高さと実績は言うまでもありません。それ以上に、プロとして自分のやるべきことを、毎日当たり前のように黙々とこなしている姿が印象的でした。一匹狼というわけではないのですが、かといってチームメイトと和気あいあいで練習するという雰囲気ではありません。ある種の近寄りがたい空気は二人に共通するものでした。

それでも、二人とも私を食事に誘ってくれることがよくありました。ことに落合さんに教えていただいた打者心理はずいぶん勉強になりました。

たとえばこんなことです。

「ピンチのときに投げるピッチャーがプレッシャーを感じるのは当然だよ。でも、そんなときはバッターにも同様のプレッシャーがかかってる。ピッチャーのピンチはバッターにとってのチャンスだ。けれど、チャンスである以上、ほかの場面より打たなくっちゃいけないプレッシャーも大きい。ここ一番というときほど、バッターにもプレッシャーはかかるんだ。よく相手打者を観察してみろよ。一球一球深呼吸したり、バットをユニフォームで拭いたり、緊張が態度に現れるはずだから。相手も重圧でしんどい思いをしていることがわかれば、心理面で優位に立てるじゃないか」

一打逆転を迎えた場面などで、私が冷静さを欠いているようなときも、落合さんはマウンドに寄ってきて、声をかけてくれました。

「何をカリカリしてんだよ。おまえで負けたらしょうがないって、みんな思ってるんだから。好きに投げりゃいいんだ」

この一言が私の気持ちを鎮めてくれたのです。落合さんだから、短い言葉にも説得力がありました。

まだ若かった立浪和義もよく声をかけてくれました。

「与田さん、僕のところに打たせてください。絶対にアウトにしますから」
今思えば、立浪はこの頃からチームリーダーの資質があったのだと思います。

一流選手が育つ環境を

日本のプロ野球界もすっかりグローバル化の波に飲み込まれました。野茂英雄に始まり、イチロー（マリナーズ）、松井秀喜（ヤンキース）、松坂大輔（レッドソックス）、岩村明憲（レイズ）、松井稼頭央（アストロズ）、黒田博樹（ドジャース）、上原浩治（オリオールズ）、川上憲伸（ブレーブス）……。数多くの日本のトッププレーヤーが海を越え、メジャーリーグに挑戦してきました。この流れは今後も止まらないでしょう。

私が今、バリバリの現役だったとしても同じ道を目指したと思います。

理由は二つあります。まず自分にとって未知の世界に挑戦してみたいという気持ちがあります。何もメジャーのレベルが日本より上だからと言うのではありません。ＷＢＣでは日本野球の強さを実証しました。しかし、ＷＢＣは短期決戦です。長いペナントレースを日本人チームとアメリカ人チームが戦ったことはまだありません。つまり、どちらが本当に強いとも弱いとも断言はできないのです。

レベルが上か下かということ以前に、未知の強打者と戦ってみたいと素直に思います。それはまだ交流戦がなかった時代に、同一リーグ以外のプレーヤーと対戦してみたいと思った気持ちと変わりません。

二つ目の理由はやはりお金です。メジャーの球団で得られる年俸は大きなモチベーションとなります。もちろん、お金がすべてだとは思いません。お金があれば必ず幸せになれるわけではありませんが、お金によって回避できる不幸があるのも事実です。

私の父は長い間、ガンによる闘病生活を送り、入退院を繰り返しました。入院はいつも大部屋。面会時間もかぎられます。広い個室なら周囲に気兼ねせず、家族で長い時間を過ごせます。横で寝泊まりすることもできます。しかし、わが家にはそれが可能な経済的余裕はありませんでした。つまり、お金があれば、私の願いは叶ったのです。野球にかぎらず、仕事において「お金がほしい」と思う気持ちは大きな原動力だし、そう思うことは少しも恥ずかしいことではありません。

メジャーに行く日本人選手が増えると、「日本のプロ野球人気が凋落する」「日本野球が形骸化する」と言う人がいます。そんな人に、私はこう反論します。

「メジャーに行きたい選手はどんどん行かせればいい。そうなっても日本のプロ野球は大丈夫です。必ず半分以上は帰ってきますから」

メジャーにはアメリカ本国だけでなく、中南米やアジアなど各国から素晴らしい選手がたくさん集まっています。そこでレギュラーを勝ち取るのがいかにたいへんかは、メジャーの野球を見続けてきた私にはよくわかります。日本で思うように芽が出ず、メジャーで才能が開花するケースもあるでしょうが、逆に、日本で成功してもメジャーでは結果を残せないというケースはもっと増えるはずです。

メジャーでうまくいかなかったら、また日本に戻ってプレーすればいいのです。そのためにも、日本とアメリカだけでなく、日本と韓国、日本と台湾、日本と中南米諸国との間で、選手同士が自由に行き来できるような環境をつくるべきだと思います。

昨年、アマチュア・ナンバー1投手の田澤純一が日本のプロ球団を経ずにいきなりボストン・レッドソックスと契約し、話題になりました。NPB（日本野球機構）は田澤のようにドラフトを拒否して国外のプロ球団でプレーした選手に対し、日本に戻っても2〜3年間プレーできないという規定をつくりました。

私はもう少し柔軟な対応をしてもよかったのではないかと思います。サッカーなどを見ると、選手は自分のプレーしたい場所を求めて、いろんな国へ出て行きます。そして、再び日本に戻ってプレーしています。そうした選手の経験を生かすことが日本全体のレベルの向上にもつながっているのではないでしょうか。野球も同様です。今以上に、自由に海外でプレーできる環境をつくれば、もっとたくさんの一流プレーヤーが育ち、日本の野球レベルも向上するはずだと私は信じています。そのためにも各球団も、そして野球ファンも、海外でプレーした選手を温かい気持ちで受け入れてほしいと思います。

今という時間を生きる

野球解説の仕事をするようになって9年目を迎えました。初めての解説はオープン戦のラジオ中継でした。かぎられた時間のなかで言葉を選んで話をすることがいかに難しいかを実感しました。汗だくになって喋りました。今もそうです。

野球解説の先輩である星野さんからは貴重なアドバイスをいただきました。

「試合の3時間前には球場に入って、両チームの監督・選手に挨拶すること。それから、もう一度野球を勉強し直すつもりで、練習をじっくり見ろよ」

私は誰もが知っているようなスター選手ではありませんから、グラウンドに出て若い選手にも顔を覚えてもらえるように努めるとともに、私も選手名鑑片手に全選手の顔と名前を覚えました。

2年目の2002年からはメジャーの中継で解説を担当することになりました。ずっとメジャーに憧れていた私には願ってもない仕事でした。

現地でスプリングトレーニングの取材をするようになったのはこの年からです。資料だけで解説するのはあまりに人まかせではないでしょうか。生で見て、肌で感じたものがなければ、どんなに言葉巧みに話しても説得力はありません。当初は、取材費用はすべて自腹でした。まだそれほど仕事もなかった頃なので、お金の工面がたいへんでしたが、そもそも勉強とは人のお金でするものではないと私は思うのです。

現役の野球選手が試合前の練習や準備を必要とするように、私も前もってやるべきことをやっているに過ぎません。それは私がこれまで出会ったさまざまな野球人から、知らず知らずのうちに学んだことでもあります。

野村克也監督が「人間は生まれもって不平等だが、時間だけは平等にある」とおっしゃる通り、時間の使い方しだいで、一流の人と、そうでない人の差もできるように思います。

もちろん、私は自分を解説者として一流であるなどとは思ったことはありません。まだまだ未熟です。まして実際にプレーする野球と違って、野球の解説は評価が難しい仕事です。現役時代は相手チームを抑えて勝てばよかったのですが、今私がいるのは何をもって勝ちとするか、負けとするかが非常に見えにくい世界です。

結局、今日すべきこと、今日できることを一生懸命していくだけです。

だから、私は人生を楽観することも悲観することもありません。自分がやりたいことを全うするために、あるいは人から求められている期待に応えるために、今という時間を生きるだけです。だからといって、1分1秒、いつも気を抜かずに生きているわけではありません。遊ぶときは遊ぶし、家でボケ～ッと過ごす時間もあります。イチローほどではないにしろ、オンとオフをはっきり切り替えながら過ごすことが大切だと思います。

そうした生き方の先に何があるのか。5年後、10年後の自分を想像したことはありません。今という時間の積み重ねが、自分の未来をつくるのだと考えています。

あとがき

サムライジャパンの投手コーチとしてＷＢＣに参加し、何よりうれしかったのはユニフォームに袖を通せたことです。宮崎合宿の初日にユニフォームをもらった私は、その夜、ユニフォームを着たままベッドで寝ました。恥ずかしい話ですが、遠足の前夜の子供のようにウキウキしていました。

私は野球解説の仕事をするときは必ずスーツを着ます。しかし、今も着ていて一番しっくりくるのは野球のユニフォームです。野球人の正装はやはりユニフォームなのだとＷＢＣで実感しました。

今後、再びユニフォームに袖を通すチャンスがあるかどうかはわかりません。ただ、ユニフォームを着ようが、スーツを着ようが、常に心は野球人でありたいと思います。

ジャンルは違いますが、最近、ゴルフの杉原輝雄さんを取材する機会がありました。杉原さんは12年前に前立腺ガンにかかり、それがリンパ節に転移した今も、現役プロゴルファーを続けています。

「人生、あきらめたらあかん。今を大事に生きていれば、奇跡が起きることだってある」取材中、話をしていると、急に腰を押さえて「ガンが暴れとる」とニヤッと笑う杉原さんに、死を覚悟して現役を続ける一流のプレーヤーの凄みを見せられた思いでした。素直にカッコイイなと思いました。

私には真似することのできない生き方です。そして、憧れの生き方でもあります。

私は、現役時代は決して一流とは言えないプレーヤーでした。ケガと闘い、長いファーム暮らしや二度のテスト入団を経験しました。野球解説者としても、まだ一流には遠い域にいます。それでも、これからもずっと野球に関わり続けたいと思います。なぜなら、野球が大好きだから。私には野球以外に生きる場所がないと考えるからです。

本書は、そんな野球人としてまだ道半ばにある私の一里塚です。今の私が伝えたい思いやメッセージを綴りました。編集を担当していただいた双葉社の渡辺拓滋さん、後藤昌行さん、構成のお手伝いをしていただいた鉄人ハウスの米谷紳之介さん、佐藤行弘さんに、この場を借りてお礼を申し上げます。ありがとうございました。

二〇〇九年六月　与田 剛

与田剛 ●よだつよし
1965年12月4日、福岡県北九州市生まれ、千葉県出身。木更津中央高（現木更津総合高）、亜細亜大、NTT東京を経て1989年ドラフト1位で中日ドラゴンズに入団。150キロを超える速球を武器に、入団1年目から抑えの切り札として活躍。オールスター選出、新人では史上最多となる31セーブを挙げ、最優秀救援投手、新人王に輝く。その後、千葉ロッテマリーンズ、日本ハムファイターズ、阪神タイガースを経て、2000年に現役引退。2001年からNHKの野球解説者としてMLB、プロ野球などを中心に解説。「'09 WORLD BASEBALL CLASSIC」では日本代表のブルペン担当投手コーチを務め、優勝に貢献。2009年4月から、NHK「サンデースポーツ」のメインキャスターとして活躍している。

一流力《いちりゅうりょく》
サムライジャパン勝利《しょうり》の理由《りゆう》

2009年7月19日　第1刷発行

著　者　与田《よだ》 剛《つよし》
発行者　赤坂了生
発行所　株式会社双葉社
〒162-8540 東京都新宿区東五軒町3番28号
［電話］03-5261-4818（営業）
03-5261-4837（編集）
http://www.futabasha.co.jp/
（双葉社の書籍・コミック・ムックが買えます）
印刷所　三晃印刷株式会社
製本所　三晃印刷株式会社

ISBN978-4-575-30131-1 C0095